Stefan Lehnberg ist ein wahres Multitalent. Schauspiel, Regie, Schriftstellerei – in all diesen (und zahllosen weiteren) Bereichen ist der Wahlberliner unglaublich erfolgreich. Er ist nicht nur der Verfasser mehrerer Theaterstücke, sondern war u. a. als Autor für Harald Schmidt und Anke Engelke tätig. Seine tägliche Radiocomedy „Küss mich, Kanzler“, bei der er als alleiniger Autor, Regisseur und männlicher Hauptdarsteller fungiert, hat es bereits auf über 2500 Folgen gebracht, und sein Roman „Mein Meisterwerk“ wurde mit dem Ephraim-Kishon-Satirepreis ausgezeichnet. Weitere Höhepunkte seiner Karriere markieren die Veröffentlichung von „Das persönliche Tagebuch von Wladimir Putin“, sowie die beiden Goethekrimis "Durch Nacht und Wind" und "Die Affäre Carambol". Außerdem sieht er gut aus, ist hochintelligent und verfügt über einen edlen Charakter. Doch ist ihm nichts davon zu Kopfe gestiegen. Im Gegenteil: Er ist immer der sympathische Kumpel von Nebenan geblieben, der sich auch keineswegs zu schade ist, mal ein paar biographische Zeilen über sich selbst zu schreiben.

www.Lehnberg.com

Stefan Lehnberg

Wege
aus
der
Hoffnung

Satiren

Wege aus der Hoffnung – Satiren

www.Bookmundo.de

1. Auflage, 6. Korrektur

Stefan Lehnberg – Am Rathaus 8 – 10825 Berlin

Printed in Germany

ISBN 978-9-463-866268-4

Die Deutsche Nationalbibliothek verzeichnet diese Publikation in der Deutschen Nationalbibliografie

www.Lehnberg.com

HINWEISE FÜR DEN VERBRAUCHER

(Bitte sorgfältig lesen)

Im Lieferumfang enthalten: Das Buch.
Nicht enthalten: Batterien (im Fachhandel erhältlich)

Verlagshinweise
Um etwaige Schadensersatzforderungen auszuschließen, weisen Verlag und Autor ausdrücklich darauf hin, dass sowohl der Verlag als auch der Autor sich ausdrücklich von Form und Inhalt dieses Buches distanzieren.

Politische und soziale Themen wie der internationale Terrorismus, Eurokrise, Arbeitslosigkeit, organisiertes Verbrechen, Korruption, u.a.m. sind nicht das Thema dieses Buches. Dies darf aber nicht dahingehend interpretiert werden, dass Verlag und Autor diesen Erscheinungen gleichgültig gegenüber stünden oder diese gar gut heißen würden. Verlag und Autor weisen viel mehr ausdrücklich darauf hin, dass die oben genannten (aber auch andere) politischen und sozialen Erscheinungen schwerwiegende Probleme unserer Zeit sind, die dringend einer Lösung bedürfen.

Anwendungsgebiete für das Buch
Chronische Langeweile, leichter Bildungshunger bis krankhaft übersteigertes Immeralleswissenmüssen, Geburtstags- und Weihnachtsgeschenkmangel, verkürztes Tischbein.

Dosierungsanleitung

Lesen Sie das Buch – falls vom Buchhändler nicht anders angegeben – vor, zwischen, während und nach den Mahlzeiten, aber niemals während des Schlafens, da dies zu Schlafstörungen führen kann.

Nebenwirkungen

Der Verzehr dieses Buches kann zu schweren Verdauungsstörungen und Schnittverletzungen im Mund- und Speiseröhrenbereich sowie im Magendarmtrakt führen. Ein Buch – so unterhaltsam es auch sein mag – kann nie eine ausgewogene Ernährung ersetzen! Eine ausschließliche Ernährung durch Bücher kann (verursacht durch Nährstoff- und Vitaminmangel) zum Tode führen.

Während des Lesens von Büchern kann es zu einem plötzlichen Auftreten von Kopfschmerzen, Harndrang, trockenem Mund, Sehstörungen, Herzinfarkt, Schlaganfall, Kribbeln in Händen und/oder Füßen, Herpes, Hypochondrie, Impotenz/Frigidität, Zahnschmerzen, Husten, Schnupfen und – in seltenen Fällen – Schluckauf kommen.

Während des Lesens von Büchern ist Ihre Fähigkeit, Ihre Umwelt wahrzunehmen, stark vermindert. Das Steuern eines Fahrzeuges oder das Bedienen schwerer Maschinen sollte daher während dessen unbedingt unterlassen werden.

Wechselwirkungen mit anderen Büchern

Das gleichzeitige Lesen von mehreren Büchern kann zu Kopfschmerzen, Unkonzentriertheit und Augenfehlstellungen führen.

Das Tragen von mehreren Büchern kann zu Rückenschmerzen und Bandscheibenvorfall führen. Auf keinen Fall sollten mehr als dreißig Bücher (gebundene Ausgabe) bzw. fünfzig Bücher (Taschenbuchausgabe) gleichzeitig getragen werden.

Sicherheitshinweise

Verlag und Autor schließen jede Produkthaftung bei unsachgemäßer Verwendung des Buches aus!

Das Buch ist hoch entflammbar. In Verbindung mit Feuer und weiteren brennbaren Gegenständen kann es zum Wohnungsbrand kommen. Das Buch nicht anzünden und an die Vorhänge halten!

Das Buch nicht in der U-Bahn vergessen, da dies Gefühle von Ärger und Traurigkeit auslösen kann.

Das Buch ist kein gesetzliches Zahlungsmittel in der Europäischen Union. Das Überreichen des Buches an Dritte zusammen mit der Formulierung: „Hier haben Sie hundert Euro, wo ist mein Wechselgeld?", stellt eine schwerwiegende Straftat dar.

Das Buch unterliegt nicht dem Waffengesetz, kann aber bei nicht sachgerechter Handhabung als Mordwaffe (stumpfer Gegenstand) eingesetzt werden. Eine solche Verwendung liegt nicht im Sinne von Verlag und Autor und wird von diesen auf das Schärfste verurteilt.

Achtung: Kaufen Sie das Buch nicht, da dies bei Ihnen einen finanziellen Verlust auslöst.

Berühren Sie dieses Buch nicht, es könnte mit Milzbranderregern oder anderen hochinfektiösen Stoffen verseucht sein.

Lesen Sie das Buch nicht. Die dafür benötigte Zeit fehlt Ihnen als Arbeitszeit. Das exzessive Lesen von Büchern, kann zu Verlust des Arbeitsplatzes, finanziellem Ruin und sozialer Ächtung führen.

Inhaltsverzeichnis

Teil II – Dramatik

Bitte setzten Sie JETZT Ihre 3-D-Brillen ab!

An Stelle eines Vorworts

Des Öfteren höre ich von Lesern Klagen über meinen humoristischen – und, wie ich doch in aller Bescheidenheit hinzufügen möchte, mit dem Ephraim-Kishon-Satirepreis ausgezeichneten – Roman „Mein Meisterwerk“. Die erste Hälfte sei ungelogen und eindeutig das Lustigste, Beste und Grandioseste, was sie je gelesen hätten, die zweite Hälfte des Buches hingegen nicht so dolle. Auch auf Amazon kann man so eine Kritik lesen. Es scheint also was dran zu sein. Wie gesagt: Es scheint. Die Realität sieht anders aus; nämlich so: Die zweite Hälfte ist mindestens so gut wie die erste! Allerdings muss ich zugeben, dass ich ein ähnliches Phänomen selbst auch schon erlebt habe, als ich einmal ein Buch des Satirikers Horst Evers las. Die erste Hälfte war ungelogen und eindeutig das Zweitlustigste, Zweitbeste und Zweitgrandioseste, was ich je gelesen hatte, die andere Hälfte des Buches hingegen war nicht so dolle. Es stellt sich die Frage, was ist bloß mit den zweiten Hälften von komischen Büchern los? – Gegenfrage: Warum schmecken ein bis zwei Stücke Torte köstlich, während man sich nach fünf Stücken schwört, nie wieder den kleinsten Krümel Torte anzurühren? Die Antwort liegt auf der Hand: Übersättigung. Auch in der Komik verhält es sich so. Warum wohl haben die Marx-Brothers in ihre Filme immer wieder totlangweilige Liebesszenen eingebaut, die keine Sau interessierten? – Ganz recht: Um die Zuschauer sich vom Lachen erholen zu lassen. Mehr als eine gewisse Menge Komik führt zu einer Überreizung der Humorsynapsen und das Gehirn schaltet auf Leerlauf. Daher meine dringende Bitte: Nicht mehr als zwei Geschichten pro Tag, sonst geht das nach hinten los und wie wollen Sie dann eine Fünf-Sterne-Bewertung für dieses Buch bei Amazon schreiben?

Der Verfasser

TEIL I – EPIK

Der Rilke-Report

Für unzählige Menschen ist Rainer Maria Rilke ein Gigant der Literatur, doch ein kürzlich gemachter Zufallsfund im Deutschen Nationalarchiv förderte überraschendes, ja geradezu sensationelles Material zu Tage, das Rilke urplötzlich in einem völlig anderen Licht erscheinen lässt: Als verantwortungslosen und talentlosen Hochstapler nämlich, der in Wirklichkeit Gotthold August Schnabel hieß und sich dreist mit fremden Federn schmückte. Bei besagtem Fund im Nationalarchiv handelte es sich nämlich um Teile der Privatkorrespondenz von Schnabel, darunter auch der folgende Brief des Bankhauses Devrient & Co:

„Sehr geehrter Herr Schnabel!

Es ist nun bereits wieder einige Zeit her, dass wir uns erlaubt haben, Sie (erneut) an Ihre ausstehende Zahlung in Höhe von 500,- Mark zu erinnern, die Sie sich zum Zwecke der Finanzierung ihrer Italienreise im vergangenen Sommer bei uns geliehen haben. Wir waren da bislang sehr großzügig, aber dass Sie trotz unseres Angebotes, die Summe in Raten abzubezahlen, keinerlei Anstrengungen in dieser Richtung unternommen haben, ist für uns ein Beleg dafür, dass es um Ihre Zahlungsmoral offenbar nicht mehr zum Besten bestellt ist und dies wirft einen Schatten auf unsere bis dato so gute Geschäftsbeziehung. Auf die Abzahlung Ihres Kredites zur Finanzierung des Ankaufes von zwei antiken Sonnenuhren mussten wir ja seinerzeit nicht lange warten und wir fragen uns, was auf einmal in Sie gefahren sein mag. Dass Sie bei uns im Kontor auf das im Flur hängende Konterfei unseres Firmengründers gespuckt haben, das, werter Herr, ist wirklich eine unglaubliche Impertinenz. Sie haben großes Glück, dass wir Ihnen das nicht in Rechnung stellen, da uns versichert wurde, mit dem richtigen Reinigungspräparat verschwindet der Fleck spurlos. Nichtsdestotrotz: Nicht zum ersten Mal befiehl uns der Verdacht – nein auch früher schon waren wir von verschiedenen Gerüchten alarmiert – dass sie zur Zeit gar keiner geregelten Arbeit mehr nachgehen und es stattdessen vorziehen, den ganzen Tag voll zu sein. Dafür spricht auch, dass Sie bei unserem letzten Gespräch auf die Frage, wann wir mit einer Zahlung rechnen können, wörtlich sagten: „Gieb ihnen noch zwei südlichere Tage, dränge sie zur Vollendung hin und jage die letzte Süße in den schweren Wein." Sie werden zugeben, dass dies selbst bei wohlwollendster Betrachtung keinerlei Sinn ergibt. Werter Herr Schnabel, wer sich so lange um die Bezahlung seiner Schulden herumdrückt wie Sie jetzt, wer kein Haus hat, welches er als Sicherheit anbieten kann, wer, wenn man ihn aufsucht, im persönlichen Gespräch nichts als wirres Zeug redet und am Ende noch behauptet, der Klabautermann werde seine Schulden begleichen, der tut sich mit Sicherheit keinen Gefallen. So etwas ist nicht nur ungezogen, es ist mehr als das: Es ist unehrenhaft. Und wer jetzt noch die Dreistigkeit besitzt, zu behaupten, wir seien doch alleine Schuld, der ist nur ganz kurz davor, hinter Gittern zu landen und ich versichere Ihnen: Wer erst mal dort ist wird es lange bleiben. Unsere Geduld ist jetzt am Ende. Jetzt wird gehandelt. Wir werden Ihr Haus bewachen, damit sie nicht ins Ausland flüchten, was ja unter Schuldnern immer mehr Mode zu werden scheint, wie man täglich in der Zeitung lesen kann. Statt Ihnen weiterhin lange Briefe zu schreiben, haben wir einen Wächter beauftragt, dies zu verhindern und der wird in den Alleen vor ihrem Haus hin und her patrouillieren. Das mag für Sie unangenehm sein, aber uns beruhigt es, weil wir so sicher sein können, dass Sie nicht heimlich verschwinden werden, wenn Sie merken, dass wir bei den Rechnungen, die Sie so verächtlich Lügenblätter nennen, nicht mehr locker lassen. Verlassen Sie sich darauf: Wir werden diese Schulden eintreiben!

Hochachtungsvoll Ihr sehr ergebener Maria Rainer Rilke
Berlin, d. 24.11. 1899“

Zunächst ist an diesem Schreiben nichts Verdächtiges zu bemerken. Es trägt als Unterschrift zwar den Namen Maria Rainer Rilke, der stark an den Namen Rainer Maria Rilke erinnert, aber davon abgesehen, ist es nur eine gewöhnliche Zahlungserinnerung, wie sie gewiss jeder schon einmal bekommen hat. Vielleicht ist das Schreiben etwas blumig in seinen Formulierungen, aber es stammt nun mal aus einer anderen Zeit. Doch dann forschte man tiefer.

Irgendetwas stimmte nicht mit diesem Brief. Warum kam einem dieser Text nur so merkwürdig bekannt vor? Man unterzog den Brief zahlreicher stilistischer, semantischer und germanistischer Analysen und stieß nun auf Verblüffendes: Der Bankier Maria Rainer Rilke war in Wirklichkeit das wahre Genie. Schnabel war nicht mehr, als ein dreister Plagiator, der lediglich ein paar Streichungen vorgenommen hatte und das Werk dann frech als sein eigenes ausgegeben hatte. Doch der Reihe nach: Betrachten wir das folgende – auf den ersten Blick geradezu brillante – Gedicht von Schnabel (alias Rainer Maria Rilke):

„Herr: Es ist Zeit. der Sommer war sehr groß.
Leg deinen Schatten auf die Sonnenuhren,
und auf den Fluren lass die Winde los.
Befiehl den letzten Früchten voll zu sein;
gieb ihnen noch zwei südlichere Tage,
dränge sie zur Vollendung hin und jage
die letzte Süße in den schweren Wein.
Wer jetzt kein Haus hat, baut sich keines mehr.

Wer jetzt allein ist, wird es lange bleiben.
wird wachen, lesen, lange Briefe schreiben
und wird in den Alleen hin und her
unruhig wandern, wenn die Blätter treiben.“

Und nun vergleiche man dieses Gedicht mit dem Brief des Bankiers Maria Rainer Rilke. Es ist im Kern identisch. (Man lese jetzt nur die GROSSBUCHSTABEN.)

„sehr geehrter HERR schnabel! ES IST nun bereits wieder einige ZEIT her, dass wir uns erlaubt haben, sie (erneut) an ihre ausstehende zahlung in höhe von 500,- mark zu erinnern, die sie sich zum zwecke DER finanzierung ihrer italienreise im vergangenen SOMMER bei uns geliehen haben. wir WAR-en da bislang SEHR GROSS-zügig, aber dass sie trotz unseres angebotes, die summe in raten abzubezahlen keinerlei anstrengungen in dieser richtung unternommen haben, ist für uns ein beLEG dafür, dass es um ihre zahlungsmoral offenbar nicht mehr zum besten bestellt ist und D-ies wirft EINEN SCHATTEN AUF unsere bis dato so gute geschäftsbeziehung. auf DIE abzahlung ihres darlehens zur finanzierung des ankaufes von zwei antiken SONNENUHREN mussten wir ja seinerzeit nicht lange warten UND wir fragen uns, was AUF einmal DEN-n in sie gefahren sein mag. dass sie bei uns im kontor auf das im FLUR hängende konterfei unseres firm-EN-gründers gespuckt haben, das, werter herr ist wirklich eine unglaubliche impertinenz. sie haben großes g-L-ück, d-ASS wir ihnen DIE entstandenen schäden nicht in rechnung stellen, da uns versichert wurd,e mit dem richtigen reinigungpräparat versch-WINDE der fleck spur-LOS. trotzdem: nicht zum ersten mal BEFIEHL (sic) uns DE-r verdacht – N-ein auch FRÜ-her schon waren wir von verschiedenenen Gerü-CHTEN alarmiert – dass sie zur zeit gar keiner geregelten arbeit mehr nachgehen und es stattdessen vorziehen, den ganzen tag VOLL ZU SEIN. dafür spricht auch, dass sie bei unserem letzten gespräch auf die frage, wann wir mit einer zahlung rechnen können wörtlich sagten: „GIEB IHNEN NOCH ZWEI SÜDLICHERE TAGE, DRÄNGE SIE ZUR VOLLENDUNG HIN UND JAGE DIE LETZTE SÜSSE IN DEN SCHWEREN WEIN.“ sie werden zugeben, dass dies selbst bei wohlwollendster betrachtung keinerlei sinn ergibt. herr schnabel, WER sich so lange um die bezahlung seiner schulden herumdrückt, wie sie JETZT, wer KEIN HAUS HAT, welches er als sicherheit anbieten kann, wer, wenn man ihn aufsucht, im persönlichen gespräch nichts als wirres zeug redet und am ende noch behauptet, der kla-BAUT-ermann werde seine schulden begleichen. der tut SICH mit sicherheit KEIN-en gefallen. so etwas ist nicht nur ungezogen, ES ist MEHR als das. es ist unehrenhaft. und WER JETZT noch die dreistigkeit besitzt, zu behaupten, wir seien doch ALLEIN-e schuld, der IST, nur ganz kurz davor, hinter gittern zu landen und ich versichere ihnen: wer erst mal dort ist WIRD ES LANGE BLEIBEN. unsere geduld ist jetzt am ende. jetzt WIRD gehandelt. wir werden ihr haus be-WACHEN, damit sie nicht ins ausland flüchten, was ja unter schuldnern immer mehr mode zu werden scheint, wie man täglich in der zeitung LESEN kann. statt ihnen weiterhin LANGE BRIEFE zu SCHREIBEN, haben wir einen wächter beauftragt, dies zu verhindern und der WIRD IN DEN ALLEEN vor vor ihrem haus HIN UND HER patrouillieren. das mag für sie UN-nangenehm sein, aber uns be-RUHIG-t es, weil wir so sicher sein können, dass sie nicht heimlich aus-WANDERN werden, WENN sie merken, dass wir bei den rechnungen, DIE sie so verächtlich lügen-BLÄTTER nennen, nicht mehr locker lassen. verlassen sie sich drauf: wir werden diese schulden ein-TREIBEN!

hochachtungsvoll ihr sehr ergebener maria rainer rilke

berlin, d. 24.11. 1899“

Schamloser geht es kaum mehr! Ein plumpes Plagiat, das lediglich etwas gekürzt wurde. Und dann verwendet Plagiator Schnabel auch noch (ebenfalls nur minimal verändert) den Namen seines Opfers als Pseudonym. Es sind Halunken wie Schnabel alias “Rainer Maria Rilke“ (passender wäre eigentlich „Rainer Mafia Rilke“), welche die Literatur immer wieder in Verruf bringen. Glücklicherweise konnte dieser Betrug nach über hundert Jahren endlich aufgeklärt werden. Es ist geradezu ein bitterer Treppenwitz der Literaturgeschichte: Jedermann kennt heute den falschen Rilke Schnabel, und niemand kennt den wahren Rilke. Einen Mann, der zeitlebens bescheiden und unentdeckt in einer kleinen Bank gearbeitet hat und doch eines der größten Genies der deutschen Literatur war. Einer der besten Männer, die das Land der Dichter und Banker je hervorgebracht hat.

Harro's Rettung

„Ende, aus, Feierabend! Schluss mit der Schriftstellerei!"

Dieser Beruf war einfach nichts für Harro. Da setzte man sich Woche um Woche in die Imbisstube unten an der Ecke, ernährte sich von Labberbrötchen und Kaffee aus dem Pappbecher, schuftete mit geradezu religiöser Inbrunst und schuf schließlich einen (wieder einmal) wunderbaren Text, schickte ihn an hunderte von Verlagen, und wozu? Dafür, dass diese ihn (wieder einmal) ablehnten? Denn genau das passierte Harro nun schon zum dritten Male. Gut, bei seinem ersten Buch hatte er das irgendwie noch halbwegs einsehen können. Sein Kinderbuch „Die kleine Raupe Nimmersatt" wies schon ziemlich starke Parallelen zu einem anderen Buch mit dem Titel „Die kleine Raupe Nimmersatt" auf. So richtig viel Bedarf für sein Buch war da vielleicht wirklich nicht. (Sein Argument, dass man sein Buch, doch erstmal vorsichtshalber drucken könne, um es dann in Reserve zu haben, falls das andere irgendwie ausfalle, wollte der Lektor nicht gelten lassen.) Dass jedoch auch sein zweites Buch abgelehnt worden war, konnte er nur als himmelschreiende Ungerechtigkeit empfinden.

Das Manuskript zu „Meine Lieblingsrezepte" war den Verlagen „zu dünn" gewesen. Zu dünn? Was war DAS denn für ein Argument? Harro war beim Essen sehr, sehr wählerisch und es gab nun mal nicht soviel, was er mochte. Na und? Beim Essen geht es ja wohl um Qualität und nicht um Quantität. Das Buch enthielt vier leckere Rezepte zum Nachkochen und mehr Lieblingsrezepte hatte er einfach nicht. Sicher, er hätte natürlich einfach weitere hinzufügen können, aber das wäre doch eine Lüge gewesen. Nicht mit Harro!

Aber Integrität kam bei den Verlagen nun mal gar nicht gut an.

Inzwischen hatte Harro jedes Mal, wenn er zum Briefkasten ging, um seine Post zu holen, eine Höllenangst, dass ein weiteres Mal ein

Ablehnungsschreiben darin sein möge. Sollte das etwa lebenslang so weitergehen?
Nein! Damit war ab sofort Schluss. Wer sagte denn, dass er sich Tag für Tag mit der Schreiberei abrackern musste, während der Rest der Welt da draußen einen Heidenspaß hatte?
Er wollte jetzt endlich auch was vom Leben haben: Zumba tanzen lernen, sich mit Wachteleierlikör betrinken und sich leichtfertig den Freuden der Polyamorie hingeben, bevor diese Mode wieder vorbei war, und, und, und! Von nun an würde er es mächtig krachen lassen und ein völlig enthemmtes, nur dem Genuss verpflichtetes Leben führen. Mitunter würde er sogar auf seine Diät pfeifen und sich mit soviel Torte vollstopfen, wie es ging, selbst, wenn er dann Anzüge künftig bei „Mode für große Größen" kaufen müsste.
Ja, endlich hatte er seine Lebensaufgabe gefunden: Spaß, Spaß und noch mal Spaß! Das war von nun an sein Leben. Er lebte es in vollen Zügen und es wurde mit jedem Jahr schöner.
„Ist es nicht wundersam?", dachte er eines Tages, als er gerade dabei war, mit Clownsnase und übergroßen Schuhen durch die Fußgängerzone zu watscheln, und jeden zu knuddeln, der ihm sympathisch erschien. „Gerade erst die ständige Zurückweisung durch die Verlage hat mich diesen Weg finden lassen, der doch so viel mehr Glück verheißt, als das einsame Rumgekritzel im stillen Kämmerlein." Wie sehr waren doch all die armen Schreibertröpfe zu bedauern, die, in die Irre geleitet von gelegentlichem Lob, weiter an ihre Mission glaubten und immer weiter schrieben. Sie verpassten ihr ganzes Leben.
Und wozu?
Um Geschichten zu schreiben, die keiner vermissen würde, wenn es sie nicht gäbe.
So wie diese hier.

Mit Hängen und Würgen – Eine Familiensaga

Ich muss sechzehn oder siebzehn gewesen sein, als ich das erste Mal jemanden erwürgte. Verglichen mit meiner heutigen Fertigkeit in dieser Profession, waren meine ersten Morde natürlich eine ziemliche Stümperei, um nicht zu sagen - man möge mir das kleine Bonmot verzeihen - ein ziemliches Gewürge.

Zwischen meinen Anfängen und heute liegen mittlerweile mehrere Jahrzehnte, ich habe viel erreicht auf meinem Gebiet, aber wenn ich ehrlich zu mir selbst bin, muss ich mir eingestehen, dass ich nie zu den ganz Großen oder gar zu den zehn Meistgesuchten gehören werde. Es wird Zeit, mich zur Ruhe zu setzen und jüngeren das Feld zu überlassen. Auch haben sich die Zeiten in einer Weise verändert, die mir nicht behagt. Doch davon später mehr.

Nein, die ganz große Karriere habe ich nicht gemacht, was umso bedauerlicher ist, da ich die besten Voraussetzungen hatte. Schließlich kann ich auf eine ganze Reihe von Würger-Vorfahren zurückblicken. Ja, man kann diese familiäre Tradition sogar bis ins späte Mittelalter zurückverfolgen, als unsere Urahnen mehrere Generationen lang als Henker der Stadt Augsburg tätig waren. Natürlich ist Hängen etwas anderes als Würgen, aber zumindest wird auch hier jemandem gegen seinen Willen der Hals zugedrückt, damit er stirbt. Die Frage ist nur, wie. Von der ausgefeilten Technik späterer Generationen konnte man damals nur träumen. Das sollte sich erst mit meinem Urgroßvater Wilhelm ändern. Er ist gewissermaßen der Ahnherr aller Würger. Er machte Schluss mit dem archaischen Rumgemorde, das wahllos mit Hieb- und Stichwaffen, Gift oder Pistolen ausgeführt wurde. Ich will nicht behaupten, mein Urahn hätte das Würgen an sich erfunden, das ginge zu weit, natürlich wurde auch früher schon gewürgt, aber eben auf eine sehr rohe und primitive Art: Mit der Hand. Meinem

Urgroßvater war das zu simpel. „Ich bin überzeugt, dass es bessere und modernere Wege gibt, jemanden umzubringen“, sagte er. Die vollkommene Methode sollte es sein.
Absolut tödlich, aber ohne die sonst üblichen Nachteile: Gift: Hohe Kosten, Stich- und Hiebwaffen: Unappetitliches Blutgesudel, Schusswaffen: Verräterischer Krach. Und ein Abgrund, um jemanden hinunterzustoßen, eigentlich eine sehr schöne und saubere Methode, ist leider auch nicht immer zur Hand, wenn man ihn benötigt.
Urgroßvater Wilhelm machte es sich nicht leicht und probierte alles, aber auch einfach alles aus. Er arbeitete bis zum Umfallen – wobei nicht verschwiegen werden soll, dass nicht er es war, der umfiel – und schließlich war es soweit. Nach unzähligen Versuchen hatte er die Lösung: Ein einfacher Strick war völlig ausreichend. Leicht zu transportieren und ohne die bekannten Probleme. Als sich mein Urgroßvater schließlich nach tausenden und abertausenden Versuchen endlich zur Ruhe setzte, hatte er seine Erkenntnisse allerdings mit seiner Gesundheit bezahlt. Chronische Rückenschmerzen und Arthritis in den Ellenbogen. Probleme, mit denen auch spätere Würger immer wieder zu kämpfen hatten. Leider war es ihm nicht vergönnt, den weltweiten Siegeszug seiner Mordart noch mitzuerleben. Er starb im Alter von einundsiebzig Jahren unbekannt und verbittert. „Die Leute haben doch nicht die geringste Ahnung, wie schwierig das ist“, beklagte er sich in seinen letzten Jahren oft, „Die meisten Menschen wollen nämlich nicht erwürgt werden.“
Vielleicht wäre er weniger verbittert gewesen, wenn er geahnt hätte, zu welchen Höhen sein Sohn Herbert die Familientradition noch führen sollte. Dabei sah es zunächst gar nicht danach aus. Herbert hatte schwächliche Handgelenke, fast wie die einer Frau und war mehr an der neuesten Mode denn an Mord interessiert. Mein Urgroßvater hat es wohl nie direkt ausgesprochen, aber man munkelt, er habe sich

seines Sohnes geschämt. Irgendwann muss Herbert angefangen haben, dies zu spüren und versuchte fortan, seinem Vater zu beweisen, dass auch er es in diesem Metier zu etwas bringen könne. Jedoch beschloss er, sich dem Problem von einer ganz anderen Seite her zu nähern. Während sein Vater mehr ein Tüftler und Technokrat gewesen war, war Herbert von ganzem Herzen Künstler.

Nicht das „Was“ stand für ihn im Vordergrund, sondern das “Wie“. Wie konnte man die Würgezeit verkürzen, wie das Würgen für den Täter, aber auch für das Opfer angenehmer gestalten, wie das Mordwerkzeug unauffälliger und schöner aussehen lassen? Es soll nicht verschwiegen werden, dass sich Herbert mehr als einmal in die falsche Richtung verirrte, weil er immer wieder versuchte, was er nicht konnte: wie sein Vater zu denken. Eines Abends, als er besonders niedergeschlagen war und ernsthaft darüber nachdachte, das Würgen endgültig an den Nagel zu hängen und seinen ursprünglichen Neigungen zu folgen, nämlich einen Salon für Herrenmoden zu eröffnen, kam ihm die Erleuchtung. Er war gerade dabei, in Gedanken das Schaufenster seines Traumladens zu gestalten, als es ihm plötzlich wie Schuppen von den Augen fiel. Bei der Ausstaffierung einer Schaufensterpuppe im Wintermantel ließ ihn ein Kleidungsstück nicht mehr los. Ein dicker Wollschal, den die Puppe in seiner Vorstellung um den Hals trug. „Man müsste jetzt nur noch zuziehen“, durchzuckte es ihn blitzartig. Das war der Durchbruch. Die perfekte Lösung war gefunden. Oder zumindest fast, denn Herbert war noch lange nicht zufrieden. Noch in derselben Nacht verließ er das Haus, um weitere Experimente durchzuführen. Was war die richtige Länge, Breite, Dicke des Schals? Was war das beste Material, die tödlichste Farbe? Unzählige Würgevorgänge waren notwendig, bis Herbert im November 1927 schließlich den eleganten weißen Seidenschal präsentierte, der heute überall verwendet wird. „Das Auge würgt mit“,

sagte er immer. Wenn Urgroßvater Wilhelm der Pionier der Familie war, so war Herbert derjenige, der aus einem Handwerk eine Kunst machte. Der moderne Würger von heute verwendet den weißen Seidenschal völlig selbstverständlich, ohne dabei auch nur einen Gedanken an meinen Großvater zu verschwenden: „Klar, mit nem Seidenschal erwürgen, logo", sagte er, „Womit sonst?" Aber man muss eben erst mal drauf kommen. Mein Großvater war es auch, der dieser Profession ihre Würde gab. Es schmerzte ihn, wenn man ihn einen Würger nannte. Er bevorzugte „Strangulierer".

Anders als für die meisten Würger vor und nach ihm hatte das Ganze bei ihm auch einen philosophischen Aspekt. „Ich gebe dem Tod dieser Menschen einen Sinn", sagte er oft völlig zu Recht, denn von dem Geld, welches die Opfer bei sich trugen, lebte er ja schließlich.

Anders als Wilhelm, galt Herbert schon zu Lebzeiten als Legende und war in Verbrecherkreisen sehr geachtet. Herbert arbeitete so fleißig, dass vielen die Luft wegblieb, und brachte es so zu einem stattlichen Vermögen. Sein einziger Kummer war sein jüngerer Bruder Bruno. Bruno war – man muss es so sagen – ein aus der Art geschlagener Tunichtgut. Das schwarze Schaf der Familie. Niemand konnte ihn ausstehen, denn er erschlug die Leute von hinten mit einem Knüppel. Sicher, das Ergebnis war in etwa dasselbe, aber von Stil und Würde konnte dabei keine Rede sein. Aber das war etwas, das Bruno einfach nicht einsehen mochte. Der Knüppel sei gut genug für einen wie ihn, pflegte er stets zu sagen. Er sei nun einmal ein einfacher Mann und ehe er einen dieser weibischen Seidenschals benutze, wolle er lieber verhungern. Mit Engelszungen soll mein Großvater auf ihn eingeredet haben: „Nimm doch wenigstens ein Seil oder so etwas", schlug er ihm vor. Aber Bruno blieb störrisch und hantierte weiter mit seinem Knüppel herum. Irgendwann gab mein Großvater es dann auf. „Wenn's ihm Spaß macht, bitte! Soll er ruhig", sagte er, aber für ihn

war Bruno gestorben. Wie schon sein Vater, arbeitete Herbert bis ins hohe Alter. Manchmal taten ihm die Hände weh vom vielen Würgen. Dann tauchte er sie in Eiswasser und rieb sie mit einer Salbe ein. Das half und er konnte wieder weiter würgen. Herbert wurde über neunzig Jahre alt. Man sagt – und es spricht einiges dafür, dass es so ist – er habe mehr Menschen erwürgt als irgendjemand sonst. Sein berühmtester Ausspruch gehört auch heute noch zum Standardrepertoire eines jeden Würgers, ja jeden Mörders überhaupt: „Was soll die ganze Aufregung? Die Leute sterben auch ohne mich, nur später."

Sein Sohn – mein Vater – war der erste, der mit der ehrwürdigen Familientradition brechen sollte. Es interessierte ihn einfach nicht.

Lange hat mein Großvater wohl gehofft, dass sich das noch auswächst, auch er selbst war ja in dieser Hinsicht ein Spätentwickler gewesen, aber das tat es nicht. Mein Vater rümpfte mehr oder weniger offen die Nase über das Würgen, stellte irgendwann sogar jegliche Form von Mord in Frage und ging schließlich seiner eigenen Wege. Vor dem endgültigen Bruch mit meinem Großvater scheute er aber dann wohl doch zurück und erzählte ihm, er sei jetzt als Halsabschneider tätig. In Wirklichkeit jedoch arbeitete er in der Kreditabteilung einer großen Bank. Insofern war es nicht gänzlich gelogen, aber die Wahrheit war es eben auch nicht. Ich muss zugeben, ich habe nie verstanden, was es war, das meinen Vater trieb, in einer Bank zu arbeiten.

Er hatte sicher gute Gründe, die man respektieren muss, für mich jedoch war von klein auf klar, dass es nichts Schöneres geben kann, als meine Mitmenschen zu erwürgen. Es ist kein 0815-Bürojob, sondern eine abwechslungsreiche Tätigkeit, bei der man mit Menschen zu tun hat, das ist doch was. Nun bin ich bereits seit vielen Jahren in diesem Beruf tätig, ich hatte sicher nicht das Talent oder das Genie meiner Vorfahren, aber ich habe mich zumindest immer redlich bemüht. In letzter Zeit jedoch verspüre ich immer öfter etwas, was ich früher nie für möglich gehalten hätte: Eine gewisse Lustlosigkeit. Das moderne Würgen ist nicht mehr das, was es einmal war. Mein Urgroßvater als Handwerker und mein Großvater als Künstler legten noch ihre Ehre in ihr Tun, ihnen ging es um das Ideelle. Für sie lag der Lohn in der Tat selbst. Heute wird dieser Bereich. wie auch alle anderen Bereiche, von Sex and Crime dominiert. Lustmörder auf der einen Seite, und seelenlose Würger, denen es nur ums Geld geht. Sie könnten ebenso gut als Immobilienmakler arbeiten. – So geht eine weitere Tradition verloren. Nach und nach geraten die Pioniere des Strangulierens immer mehr in Vergessenheit, bis eines Tages sich niemand mehr an sie erinnern wird:

Die Männer, die diese Welt ein kleines bisschen unsicherer gemacht haben.

Kenner meines Romans „Mein Meisterwerk“ werden bei der folgenden Geschichte vielleicht zu recht argwöhnen, dass es sich hierbei um die umgearbeitete Version von Teilen eines dann doch unvollendet gebliebenen zweiten Bandes handelt.

Tagebuch eines Schriftstellers

Tag 1

Jedes Mal, wenn ich beginne, einen neuen Roman zu schreiben, befinde ich mich in einem seltsamen Zustand. Die Zeit vergeht wie im Fluge. Genau genommen, wie bei einem Langstreckenflug nach Australien in der Economy-Class, eingequetscht auf einem Mittelplatz zwischen zwei dicken schnarchenden Russen, während man selbst dringend zur Toilette muss. Mit einem Wort: Es ist die Hölle!
Heute ist es sogar noch schlimmer als sonst. Habe letzte Nacht schlecht geschlafen. Erneut kam mir schmerzhaft zu Bewusstsein, dass ich nach wie vor vom illustren Kreis der Literaturnobelpreisträger ausgeschlossen bin. Jedes Jahr aufs Neue. Es scheint System dahinter zu stecken. Mehr und mehr wird mir klar, dass es bei diesem Preis heutzutage gar nicht mehr um die literarische Qualität geht. Da spielen ganz andere Kriterien eine Rolle. Zum Beispiel das Land aus dem man kommt. Je ärmer desto besser. Soll ich jetzt extra nach Zimbabwe ziehen? Ich glaub es hackt. Nö, mach ich nicht! - Bleibt also nur der andere Weg: Ein spitzenmäßiger Titel, der mordsmäßig auffällt. Die Zeiten, wo man mit einem lahmen Titel wie „Madame Bovary“ noch was reißen konnte, sind lange vorbei, heute müsste sich Gustave Flohbär (schreibt man den wirklich so? – Arme Sau!) da schon was einfallen lassen, was richtig reinknallt. Nicht kleckern, sondern klotzen, heißt die Devise. Gabriel Garcia Marquez zum Beispiel: Was für ein raffinierter Hund! Was

macht er? Nennt seinen (ganz okayen, aber sooo dollen nun auch wieder nicht) Roman „Hundert Jahre Einsamkeit". Genial! Jedenfalls das mit den hundert Jahren. Geschichten, die einfach nur „Einsamkeit" heißen, gibt es ja zuhauf. Verfasst von dreizehnjährigen Schülerinnen, die dafür im Deutschunterricht bestenfalls ne Zweiplus kriegen. Aber Garcia haut voll auf die Kacke. Nicht so ne kurzfristige Einsamkeit, die bald wieder vorbei ist, nein gleich, zack, hundert Jahre. Das ist ne ganz andere Hausnummer.
Respekt! – Allerdings – wie ich in aller Bescheidenheit anmerken möchte – das kann ich besser:

„Tausend Jahre Einsamkeit". Wow! Da kann Garcia aber einpacken mit seinen popligen hundert. Hätte er ja selber drauf kommen können, ist er aber nicht. Tja, Dumm gelaufen!
Obwohl: Was, wenn der nächste Autor hergeht und sein Geschreibsel „Zehntausend Jahre Einsamkeit" nennt? Oder gleich eine Million Jahre Einsamkeit" Ein Alptraum! Nein, ich brauche einen Titel, der unüberbietbar ist. Wie wär's mit „Einsamkeit in alle Ewigkeit"? – Hm, inhaltlich super, aber zweimal -keit klingt blöd. Ewigkeit muss bleiben, also was anderes als Einsamkeit, was auch keinen Spaß macht. Oder sogar noch weniger Spaß als Einsamkeit. Einsamkeit ist ja eigentlich ne super Sache, die meisten Leute um einen herum sind doch eh blöd. Also z. B. „Verdammt in alle Ewigkeit". Super! Verdammnis ist auch viel unangenehmer als Einsamkeit. Aber Moment, den Titel gibt's schon. (Das einzige Buch von James Joyce, was ich kapiert habe, warum hat er nicht immer so geschrieben?) Dann vielleicht „Höllenqualen in alle Ewigkeit". Schlimmer geht's nicht. Klingt aber auch nicht so toll. Echt schwierig. Muss ich am Ende doch den Umzug nach Zimbabwe in Erwägung ziehen?

Vielleicht war es ein Fehler, Romanautor zu werden, als Kind konnte ich doch ziemlich gut zeichnen, warum hab ich das bloß nicht weiter verfolgt? Dann wäre ich heute wahrscheinlich ein supererfolgreicher Comiczeichner, steinreich und ausgezeichnet mit dem Ingeborg-Batman-Preis.

Aber rien ne va plus! – Sehr deprimiert! Früh zu Bett.

Dann nochmal aufgestanden und die erste Hälfte der vierten Staffel von Downton Abbey geguckt.

Spät zu Bett.

Tag 2

Draußen herrliche Frühlingssonne. Ein Tag, wie von den Göttern zum Schreiben gemacht. Ich sitze am Schreibtisch. Höchste Konzentration. Die schriftstellerischen Synapsen in meinem Gehirn glühen.

Doch dann das Unvermeidliche. War ich wirklich so naiv, nicht zu ahnen, was geschehen würde? Seiner Nemesis kann man schließlich nicht entkommen. Vor allem nicht, wenn es eine Nemesis namens Herr Marquard ist und sie in meiner Nachbarwohnung haust. Wenn es je einen Beweis dafür gegeben hat, dass es keinen Gott gibt, dann ist es die Existenz von Herrn Marquard. Dem Mann, der es sich zur Lebensaufgabe gemacht hat, mich zu vernichten. Und jedes Mal, wenn ich glaube, dass sich die unfassbare Verderbtheit dieses Teufels in Nachbarsgestalt, unmöglich noch weiter steigern lässt, schockiert er mich mit einer neuen, sogar noch abgefeimteren Schurkerei. Mehr und mehr wird mir bewusst, dass ich gegen diesen Mann keine Chance habe. Während ich an meinem Schreibtisch sitze und arbeite, hat er unendlich viel Zeit, seine Ränke gegen mich zu schmieden. Und in der Tat, diese sind meisterhaft. Nicht nur in ihrer Wirksamkeit, sondern auch in ihrer Subtilität. Auch mit seinem heutigen Rank ist es ihm wieder gelungen: Vor einer halben Stunde erscholl plötzlich laute Ra-

diomusik aus Marquards Wohnung. Ich natürlich sofort rüber und ihn gebeten, die Musik leiser zu machen, weil ich sonst nicht konzentriert arbeiten kann. Was macht Marquard? Entschuldigt sich zig Mal, er habe das Radio lauter gestellt, weil er sich gerade die Haare geföhnt hätte und ihm sei nicht bewusst gewesen, dass es so laut sei. (Was sollen diese lächerlichen Schauergeschichten? Als nächstes behauptet er noch, der Yeti hätte sein Radio heimlich laut gedreht.) Und dann: Er würde es sofort leise stellen und künftig drauf achten. Aber was macht Marquard dann als Nächstes? Er stellt das Radio leiser.

Was soll man solcher Perfidie entgegensetzen? Ich sitze in meiner Wohnung, unfähig einen klaren Gedanken zu fassen. Die unheimliche Stille aus Herrn Marquards Wohnung hämmert in meinen Ohren. Klar ist, es ist nur eine Frage der Zeit, dass er sein Radio wieder auf die höchste Lautstärke drehen wird.

Aber wann? Wenn ich, nachdem ich mich stundenlang wieder reingedacht habe, endlich anfange, meinen Roman weiter zu schreiben? Heute Nacht, wenn ich schlafe, und ein Lärm, wie aus tausend Höllen mich mit Herzrasen aus dem Schlaf reißt, so dass ich bis zum Morgen nicht mehr einschlafen kann. Wann?! Auf einen Gegner, der einem mit offenem Visier entgegentritt, kann man sich einstellen. Man weiß, woran man ist. Aber diese nagende Ungewissheit, das bange Warten auf das Inferno, das jeden Moment oder auch erst in vielen Jahren über einen hereinbrechen kann, das ist das Schlimmste. Sartre hat einmal gesagt: Die Hölle, das sind die anderen. Oh, wie Unrecht hatte Sartre doch. Die Hölle, das ist Herr Marquard.

Tag 3-11

Nervlich am Ende. Seit neun Tagen dringt totale, geradezu dämonische Stille aus Marquards Wohnung. Wenn ich das einem

erzähle, glaubt mir das keiner. Zum Glück hab ich alles genau protokolliert. Man muss nur einen beliebigen Tag herausgreifen:

Mittwoch, 07.14 Uhr: Nichts.
Mittwoch, 09.21 Uhr: Nichts.
Mittwoch, 12.31 Uhr: Nichts.
Mittwoch, 15.12 Uhr: Nichts.
Mittwoch, 16.04 Uhr: Nichts.
Mittwoch, 16.05 Uhr: Nichts.
Mittwoch, 16.06 Uhr: Nichts.
Mittwoch, 22.01 Uhr: Nichts.
Mittwoch, 23.59 Uhr: Nichts.
Und das ist nur EIN Beispiel.

Meiner Meinung nach ist dieser Mann komplett wahnsinnig.
Ich wünschte, Herr Marquard wäre tot. Ist das denn wirklich zuviel verlangt? Ich würde sogar mit Freuden für die Kosten seiner Beerdigung aufkommen und mich auch um sämtliche Formalitäten kümmern. Nur sterben müsste er halt vorher.
Obwohl: nicht einmal das würde ich zur Bedingung machen. Hauptsache, er wird überhaupt beerdigt.

Tag 12
Erfahre zufällig im Hausflur, dass Herr Marquard seit einer Woche im Urlaub ist. Portugal! Eine eisige Hand scheint nach meiner Kehle zu greifen. Ich muss mich am Treppengeländer festhalten, um nicht zu Boden zu sinken. Ich kann mir gut vorstellen, wie Marquard sich in seinem elenden Portugal höhnisch lachend am Boden wälzt, wenn er an seinen armen Nachbarn denkt, welcher völlig umsonst eine Woche

Höllenqualen durchlitten hat. Warte nur, Marquard, der Tag der Vergeltung, er wird kommen und er soll fürchterlich sein.
Später am Tag dann Kino. Abends viel Pflaumenkuchen. Mit Unwohlsein zu Bett.
Unruhige Nacht.

Tag 13
Ein mistiger Tag. Der Pflaumenkuchen verursacht mir immer noch erhebliche Übelkeit. Fühle mich vollständig aus der Bahn geworfen. Reduziert auf die pure menschliche Existenz, fern jeder geistiger Erhabenheit. Auch halb vergessene Übel, die ich schon überwunden glaubte, erheben in dieser Stunde der Schwäche wieder ihr hässliches Haupt. Schmerzen im Rücken und im rechten Knie, Jucken, in den Ohren, Kribbeln in den Händen und eine wunde Stelle im Zahnfleisch. Was kommt als Nächstes? Nur Gott selbst weiß es.
Mittags Anruf vom Hausarzt. Das Ergebnis meiner letzten Routineuntersuchung ist da. Das gibt mir den Rest. Bislang hatte ich immer die Werte eines achtzehnjährigen Olympiagoldmedaillengewinners im Zehnkampf, doch in dem Laborbericht steht es schwarz auf weiß: Meine Werte haben sich in den letzten Monaten signifikant verschlechtert: Sie entsprechen jetzt nur noch einem zwanzigjährigen Kreisligasilbermedaillengewinner im Fünfkampf. Fühle mich kraftlos und deprimiert. Bin ich überhaupt ein Schriftsteller oder nur ein schreibender Dilettant?
Oder bin ich zu hart zu mir selbst? Wenn ich dieses mein Tagebuch mit dem von Thomas Mann vergleiche, kann ich ruhigen Gewissens sagen, dass ich ihm zumindest in Puncto Rumjammern in nichts nachstehe.
Hoffnung?

Tag 14

Kann heute gar nicht mehr glauben, dass ich gestern an meiner Befähigung zur Schriftstellerei zweifeln konnte. Wie kann ich das auch nur für eine Sekunde in Frage stellen? Trotzdem bleibt nun mal Fakt, dass mir bisher irgendwie kein Roman eingefallen ist.

Nun lehren ja diese Ratgeber für Autoren, dass man sich jeden Tag zum Schreiben hinsetzen soll und dann Stück für Stück...

Davon halte ich nichts. Für die Schreiberlinge von irgendwelchen Vorabendserien, mag das okay sein, aber wie sagt schon Oscar Wilde? „Fleiß ist die Waffe der Talentlosen."

Wahrhaft Großes entsteht so nicht. Ist etwa Neil Armstrong zehn Jahre lang jeden Tag einen Meter näher zum Mond hingeflogen? Nein, zack, rein in die Rakete und in einem Wutsch durch bis zum Mond. SO vollbringt man historische Leistungen.

Vielleicht zieht mich einfach meine derzeitige Buchlektüre stimmungsmäßig zu sehr runter. Beim Kauf jenes Buches war ich ja noch davon ausgegangen, dass es sich um eine Sammlung heiterer Anekdoten handelt, obwohl der Titel „Hass ist eine Blume der Verzweiflung" mich eigentlich schon hätte stutzig machen können. (Ich habe eigentlich nicht viele Fehler, aber Buchtitel lese ich wirklich etwas sehr flüchtig.) Inzwischen ist mir jedoch ziemlich klar geworden, dass dieses Buch für Zeiten, in denen man des Trostes und der Ermutigung bedarf, vielleicht nicht die erste Wahl ist. Und in dem Buch vertretene Thesen wie „Misstraue dir selbst" und „Wer lebt, ist nur zu feige zum Selbstmord" lassen in mir den Verdacht aufkeimen, dass der Autor eher eine Spaßbremse ist.

Aber wie auch immer: Negativer Einfluss, positiver Einfluss – vielleicht sollte ich mich von all dem frei machen. Schreiben ist ein Job für einen Einzelnen. Viele Köche verderben den Brei. (Andere Köche wiederum kriegen ihn ganz gut hin.)

Tag 15

Es wäre gut, wenn ich meinen Roman bald fertig bekäme.

Oder zumindest anfangen sollte ich endlich mal.

Wenn ich bis Ende nächsten Monats fertig wäre, könnte ich ihn noch für diesen Literaturwettbewerb einreichen, wo man für sechs Monate Stadtschreiber von Paderborn werden kann. Allerdings ist die Frage, ob ich das überhaupt will. Mein Verhältnis zu Paderborn ist ja eher zwiespältig: Einerseits möchte ich in Paderborn nicht begraben sein, andererseits wäre mir begraben sein von allen Tätigkeiten, die man in Paderborn ausüben kann, noch die angenehmste.

Tag 16

Nur teilweise erfolgreich. Keine Zeile im Roman voran gekommen, aber immerhin eine vollständige Liste meiner Phobien erarbeitet. (In alphabetischer Reihenfolge): Aale, Blitzschlag, CIA, Dehydrierung, Egel, feuchte Luft, Gammelfleisch, Hammelfleisch, Igel, Jürgen (klingt harmlos, aber wer ihn kennt, weiß: ein echt fieser Typ), Kunstfehler (ärztliche), Luftzug, Milben, Nasenmuscheln (vergrößerte), Oligarchen (russische), Pistazien, Quasimodo, Rucola, Spontanentzündung, Teflon, Uganda, Viren, Warschauer Pakt (rückwirkend), X-Beine, Yips und Zyprioten.

(Von welchem Volldeppen stammt eigentlich der Spruch „Gefahr erkannt, Gefahr gebannt“? Das Gegenteil ist richtig!)

Tag 17

15.00 Uhr Jetzt kann ich mit dem Schreiben fortfahren (bzw. anfangen). Heute morgen war ich noch in dringenden Angelegenheiten unterwegs – würde ich sagen, wenn mich jemand fragt.

In Wirklichkeit hab ich mich im Park auf die Bank gesetzt und die Seele baumeln lassen. – Die Seele baumeln. Entsetzlich! Solche abge-

nudelten Worthülsen sollte man als Schriftsteller dringend vermeiden. Sie zeugen nur von der Faulheit des Autors. Außerdem hat sich die ursprüngliche Bedeutung ja inzwischen oft ins Gegenteil verkehrt, wie beispielsweise bei dem Begriff der Olympiade, der ja gerade den Zeitraum benennt, wo keine Olympischen Spiele stattfinden. Oder eben die Seele baumeln lassen. Das klingt so gemütlich, aber wer weiß denn heutzutage noch, dass diese Redewendung auf die Gräfin Adelheid von Seele zurückgeht, die berüchtigte Kindermörderin des späten Mittelalters, welche in der Gegend um Coburg ihr Unwesen trieb? Als man ihr schließlich auf die Schliche kam, wurde sie vom Bürgerrat der Stadt Coburg zum Tode verurteilt und öffentlich gehenkt. Zweifellos beruhigte es die verängstigten Eltern, der noch nicht ermordeten Kinder sehr, als sie die Seele baumeln ließen, aber trotzdem sollte man diese doch etwas geschmacklose Redewendung nicht gedankenlos verwenden.
Noch bis zum Abend sinnlos gegrübelt.

Tag 18

Schlecht geschlafen. Ganze Nacht darüber nachgedacht, was mich glauben lässt, dass ich schreiben müsste. Muss ich denn? „Wenn du ein Schriftsteller sein willst, musst du auch schreiben", würden viele sagen. Aber stimmt das überhaupt? Selbst der größte Schwerverbrecher hat das Recht zu schweigen. Er kann im Gerichtssaal dasitzen, ohne ein einziges Wort zu sagen; trotzdem würde niemand auf die Idee kommen, ihm seinen Schwerverbrecherstatus streitig zu machen. Im Gegenteil: So wirkt er sogar noch verbrecherischer. Aber wenn man als Autor schweigt, heißt es sofort, man sei gar kein Autor. Haben wir denn weniger Rechte als Schwerverbrecher? Die einzige Möglichkeit für einen Autor mit Schweigen durchzukommen, ist als Dissident in einem totalitären

Staat. Da schreibt man jahrelang nichts und gilt trotzdem als Autor. Ich glaube, das würde mir liegen. Aber wie wird man Dissident, wenn man das Pech hat, in einer Demokratie zu leben? Wer kennt sich da aus? Ich bestimmt nicht. Bis vor einem halben Jahr dachte ich ja noch, Dissident ist eine Zahncreme.

Allerdings fällt mir doch noch eine zweite Gruppe von Autoren ein, denen man das Nichtschreiben durchgehen lässt: Verschollene, wie zum Beispiel Antoine de Saint-Exupery. Es reicht völlig, vorher ein halbwegs anständiges Buch geschrieben zu haben und dann hat man's geschafft. Verschollen zu sein, ist tragisch und geheimnisvoll, was sowohl den Autor als auch sein Werk beträchtlich aufwertet. Und ich könnte mir vorstellen, dass eine ganze Reihe von angeblich Verschollenen in Wirklichkeit irgendwo ganz entspannt in der Karibik relaxt und ihren Weltruhm genießt. Vielleicht sollte ich mir an diesen Jungs ein Beispiel nehmen: Dieses Buch halbwegs anständig zu Ende bringen und anschließend sofort verschellen. Das wär' was.

Andererseits ziehe ich ja ungern um. Das ist immer so umständlich. Das ganze Kisten-ein-und-auspacken und das Behördengelaufe. Lästig! Gut, beim Verschellen entfällt beides natürlich. Wenn man alles mitnimmt und sich dann noch am neuen Wohnort anmeldet, kriegt ja noch der Dümmste spitz, dass man nicht verschollen, sondern nur umgezogen ist. Ich glaube, mit Umziehen ist noch kein Autor berühmt geworden.

Und ohne meine Sachen will ich nicht. Also verschellen is nich.

Schade, eigentlich eine Spitzenidee, aber im letzten Moment funkt einem dann wieder die Realität dazwischen.

Hat nicht schon Aristoteles gesagt: „Denken und Sein werden vom Widerspruch bestimmt"? Ich glaube, da hat er Recht. Ich blicke jedenfalls bald überhaupt nicht mehr durch. Da denkt man sich das Hirn blutig, um gute Ideen zu haben, hat dann auch welche, aber irgendwie sind sie dann mit der Realität nicht kompatibel. Gute Ideen, die nicht funktionieren. Ein Widerspruch in sich. Ein unerklärliches Paradoxon. Die Frage ist, was war zuerst da? Die Idee oder die Realität. Als Schriftsteller neige ich eher der Idee zu. Ehrlich gesagt glaube ich, dass Realität stark überschätzt wird. (Die kocht auch nur mit Wasser.) In der Welt der Ideen schreibt sich ein brillanter Roman mit einer Fülle fantastischer Begebenheiten im Nu. In der Realität ist es wie ein Kampf gegen Windmühlenflügel. (Kampf gegen Windmühlenflügel, das wäre vielleicht auch mal ne nette Idee für einen Roman. Mal gucken.)

Tag 19

Ein idealer Tag zum Schreiben. Ich sprühe vor Ideen und Tatkraft. Mein kometenhafter Aufstieg steht nun unmittelbar bevor. (Warum heißt es eigentlich „kometenhafter Aufstieg“? Die Dinger fallen doch von oben runter?)

Leider dann doch keine Zeit zum Schreiben. War stattdessen in Recherchen unterwegs.

Mein Bekannter Dietmar hatte behauptet, dass einem übel wird, wenn man zu oft die Wasserrutsche im Hallenbad runterrutscht. Das konnte so unbewiesen nicht stehen bleiben. War den ganzen Morgen im Hallenbad, um es selbst zu überprüfen.

(Es stimmt!)

Warum kommt mir bloß ständig was dazwischen? Verdödeln andere Schriftsteller auch so viel Zeit mit unwichtigem Kram? Bestimmt. Namentlich die, die zum Rasieren nicht Rasierschaum, sondern Rasiergel benutzen. Nach dem Rasieren den Rasierschaum vom Rasierer abspülen dauert etwa fünf Sekunden, hingegen das klebrige Rasiergel abzukriegen, dauert volle drei Minuten. Das gleiche gilt kaum weniger extrem für das Gesicht. Also täglich etwa fünf Minuten zusätzlicher Zeitaufwand für das Rasiergel entfernen.

Wer dieses Zeug kauft, ist mir ein Rätsel. Wenn überhaupt, nur Männer, die gerade anfangen sich nass zu rasieren und die sich nichts dabei denken und das für normal halten. Arme Narren! Die Vergeudung von Lebenszeit (Fünf Minuten mal ca. sechzig Jahre) beträgt etwa siebenundsiebzig Tage. In der Zeit könnte man schon einen halbwegs ordentlichen Krimi schreiben. Aber nein, stattdessen wird Rasiergel entfernt. Aber wer weiß, vielleicht w o l l e n manche Autoren das ja sogar so. Besser Rasiergel entfernen, als untätig und ideenlos am Schreibtisch sitzen. Ja, das könnte des Rätsels Lösung sein: Rasiergel ist für Autoren mit Schreibblockade. Na gut, warum nicht, aber dann soll man das bitte schön auch so auf die Dose schreiben und nicht Millionen von ahnungslose Nichtautoren bzw. Autoren ohne Schreibblockade in diese Rasiergel-Falle tappen lassen.

Aber in der Rasierbranche liegt ja sowieso einiges im Argen. Rasierpinsel! Seit es Rasierschaum aus der Spraydose gibt sind die ja völlig überflüssig. Man muss den Schaum ja nicht mehr wie früher mühsam mit Seife anrühren. Nein, einfach Rasierschaum auf die Hand und zack ins Gesicht damit. Soll ich etwa auch noch jeden Tag fünf Minuten den Rasierpinsel ausspülen? Aber trotzdem werden weiterhin jedes Jahr zig Milliarden Rasierpinsel hergestellt UND AUCH GEKAUFT! Warum? Wohl nur deshalb, weil sie da sind. So, wie auch Berge nur aus dem Grunde bestiegen werden, weil sie da sind.

Dabei sind Rasierpinsel sogar noch überflüssiger als Berge.

Aber ich scheine weltweit der einzige Mensch zu sein, dem das aufgefallen ist. Vielleicht sollte ich das öffentlich bekannt machen und die Menschheit aufrütteln. Aber nein, lieber nicht, wenn ich das täte, stünde ich doch sofort auf der Todesliste der Rasierpinselkonzerne.

Tag 20

Endlich eine Idee für meinen Roman: Es geht um einen Mann, der einen Roman schreiben will, dem aber nichts einfällt. Warum bin ich da nicht gleich drauf gekommen? Das ist doch ein Thema, für das ich geradezu Experte bin. Ich weiß auch schon den ersten Satz:

„Jedes Mal, wenn er begann, einen neuen Roman zu schreiben, befand er sich in einem seltsamen Zustand..."

Die boshafte Harfenistin *

Es war einmal eine boshafte Harfenistin. Bereits an dieser Stelle der Geschichte werden nicht wenige Menschen entrüstet inne halten. Boshafte Harfenistin?, werden sie sich empören: „Wir kennen zwar keine Harfenistin persönlich“, so werden sie empört ausrufen, „sondern nur aus dem Neujahrskonzert im Fernsehen, aber dort kann jeder eindeutig sehen, dass Harfenistinnen ätherische Wesen sind, die mit verklärtem Blick und zarter Hand engelsgleich über Harfensaiten streichen. Von Boshaftigkeit keine Spur.“

Doch die Empörten liegen falsch. Sie lassen sich vom schönen Schein blenden. Doch haben sie jemals darüber nachgedacht, was es wohl in einem Menschen auslösen mag, jahraus jahrein mit verklärtem Blick und zarter Hand engelsgleich über Harfensaiten zu streichen? Sowas kann doch nicht gut gehen. Auch in einem Musikerleben gibt es Frust und Enttäuschung und Zorn. Gerade dort! Irgendwo muss das doch alles hin. Normalerweise haben Künstler es ja sehr leicht, ihre Wut mittels ihrer Kunst abzureagieren: Als Rockgitarrist, Schauspieler, Schriftsteller, ja selbst als Pianist oder Trompeter - kein Problem, volle Pulle raus damit, je mehr desto besser und desto größer der Applaus des Publikums, welches diese Wut mit Leidenschaftlichkeit verwechselt. Aber als Harfenistin: Immer nur Pling Pling, Zupf Zupf.

Es ist doch klar, dass so eine Harfenistinnenseele früher oder später zu einer tickenden Zeitbombe werden muss.

Auch die Seele der Harfenistin, von der hier die Rede sein soll, war schon seit langer, langer Zeit heftig am Ticken. So manches Mal tickte diese so schnell, dass sie beim Harfe spielen ganz aus dem Takt kam. Denn während beim Harfe spielen nur die wenigsten Stücke schneller als im Sechsachteltakt sind, tickte ihre Seele im sechzehnsechzehntel Takt.

Lange Zeit versuchte sie, dieses Ticken zu ignorieren, aber je länger sie das tat, desto stärker wurde es.
„Die Wut muss raus“, sagte sie sich schließlich. Und sie brauchte auch nicht lange, um ein geeignetes Ziel ihrer Wut zu finden. Hatte sie nicht eine ganz Reihe von Harfenschülern unter ihrer Obhut? Viel zu lange Zeit hatte sie aus falscher Rücksichtnahme darauf verzichtet, diese zu quälen und zu demütigen. Dabei war es doch das Natürlichste auf der Welt.
War sie nicht selbst vor vielen Jahren von ihrer Harfenlehrerin ganz furchtbar gequält worden? Oh, wie hatte sie die gehasst.
Aber jetzt verstand sie: Auch diese war in jungen Jahren zweifellos genauso von ihrer Lehrerin gequält worden und jene wiederum von der ihren. Es war ein ehernes Gesetz seit es Harfen gab und es würde sich auch bis zum jüngsten Tag niemals ändern. Soviel war ihr jetzt klar.
Bereits am nächsten Tag begann sie damit, ihre Schüler zu malträtieren. Anfangs noch mehr schlecht als recht, in dem sie deren Harfenspiel besonders streng begutachtete und auch virtuos gemeisterte Partien scharf kritisierte, doch schon bald wurde sie mutiger und grundsätzlicher und sie ergoss ihre Kritik nicht mehr nur über das Harfenspiel der Schüler, sondern über diese selbst. Sie ließ kein gutes Haar an deren Musikalität, Charakter, Intelligenz und Aussehen und nur wenige Unterrichtsstunden vergingen, in denen der Schüler nicht unter Tränen oder zumindest kreidebleich ihre Wohnung verließ.
Eine Zeitlang schwelgte die Harfenistin im Glück.
Das Ticken in ihrer Seele wurde leiser und leiser und auch ihre Orchesterkollegen bemerkten eine Veränderung. Nie war ihr Spiel entspannter, nie war ihr Blick beim Spielen verklärter gewesen. Die Kollegen wären allerdings von panischem Entsetzen ergriffen worden,

hätten sie geahnt, dass diabolische Schülerquälfantasien die Quelle dieser Verklärtheit waren.

Doch wie jedes Glück währte auch dieses nicht ewig. Immer häufiger sagten ihre Schüler einzelne Stunden ab, nicht selten mit den fadenscheinigsten Begründungen und schließlich kamen sie gar nicht mehr.

Schon bald war das Ticken in ihrer Seele wieder da und dieses Mal war es sogar noch lauter als je zuvor.

Manchmal hatte sie das Gefühl, jeden Moment vor Wut explodieren zu müssen.

Aber Harfenistinnen explodieren nicht vor Wut. Niemals.

In ihrer Verzweiflung machte sie eines Tages ihrer besten Freundin gegenüber eine Andeutung über ihren Zustand.

Aber die machte alles nur noch schlimmer, denn es handelte sich bei dieser um eine Schriftstellerin, die süßliche Kinderbücher mit Titeln wie Das Lebkuchenmännchen, das aus Schokolade sein wollte verfasste und, als wäre das noch nicht abstoßend genug, um einen jener Gutmenschen, die mit traumwandlerischer Sicherheit für jedes Problem die ungeeignetste und weltfremdeste Lösung finden.

So auch dieses Mal. „Das einzige, was dir helfen kann, ist Yoga“, erklärte sie achtsam.

Die Harfenistin war schon zu verzweifelt, um das Offensichtliche zu sehen: Nämlich, dass Yoga unter den Leibesübungen das ist, was das Harfespielen unter den verschiedenen Formen des Musizierens ist: Verklärte Gesichter, sanfte Bewegungen – und eine verzweifelte Seele, die nicht weiß, wohin mit der ganzen Wut.

Nein, die Übungen in der Yogagruppe, zu der die Harfenistin nun jeden Mittwoch Nachmittag ging, halfen ihr gar nicht.

Im Gegenteil: Sie machten alles nur noch schlimmer.

Harfespielen ist nun mal keine gute Voraussetzung für das Ausführen

von Yogaübungen. Denn für diese bedarf es erheblicher Gelenkigkeit im ganzen Körper. Durch das Harfespielen jedoch bekommt man nur bewegliche Finger. Der Rest des Körpers rostet ein und der Rücken ist durch das ständige Heben der Arme chronisch verspannt. Selbst relativ einfache Übungen wie die bucklige Katze oder die schlafende Schlange gelangen ihr daher nur unter Schmerzen, von den schwierigeren Übungen gar nicht zu reden. Und als wenn das nicht schon schlimm genug gewesen wäre, musste sie auch noch mit ansehen, wie die Yogalehrerin alle diese Übungen mit größter Selbstverständlichkeit und der inneren Ausgeglichenheit von ein bis zwei tibetanischen Mönchen sowie vor allem auch völlig schmerzfrei ausführte. Die Harfenistin konnte sich kaum erinnern, jemals eine Person so sehr gehasst zu haben, wie diese Yogalehrerin.
Eines Abends, als sie sich vom Yogakurs wieder einmal schmerzerfüllt nach Hause schleppte, fasste sie einen Entschluss, und dann noch einen. Erstens: Sie würde nicht mehr zu den Yogastunden gehen, auch, wenn die bereits im Voraus entrichtete Gebühr für das Quartal dann verfallen würde. Zweitens: Sie würde sich an eine neue Dimension der Boshaftigkeit heranwagen: Sie würde die Yogalehrerin vernichten.
An dieser Stelle, höre ich wieder ein empörtes Rumoren und der eine oder andere wird sogar entrüstet ausrufen: „Also, dass Harfenschüler gequält werden, das habe ich noch gerade so hingenommen, dazu sind die ja schließlich da und die werden ihre Qualen ja wiederum an die nächste Generation von Harfenschülern weitergeben usw. usw. So bleibt alles im Gleichgewicht. Aber eine unschuldige Yogalehrerin vernichten? Nein, nein und nochmals nein!“
Oh, mein empörter Freund, ich will Dir darauf antworten.
Wisse: Die Yogalehrerin war keineswegs so unschuldig, wie du in deiner Arglosigkeit glaubst. Oh nein! Sie war die korrupteste und verderbteste Yogalehrerin der ganzen Stadt. Über Jahrzehnte hinweg

hatte sie ein mafiöses Yogaimperium aufgebaut, bis sie schließlich jeden Yogaunterricht dort kontrollierte. Vom Volkshochschulkurs für Frauen über fünfzig bis zu hochkarätigen Exclusiv-Seminaren für ausgewählte Top-Leute aus Politik und Hochfinanz. Wer sich dagegen auflehnte, wer versuchte, auf eigene Rechnung Yoga zu machen, der hatte bald zum letzten Mal seine Knie neben die Ohren gebracht. Ja, diese Yogalehrerin übte eine wahre Schreckensherrschaft aus.
Das, mein empörter Freund, solltest Du berücksichtigen.

Die Harfenistin indes wusste all dies nicht. Wie auch? Die teuflische Yogalehrerin arbeitete aus dem Dunkel heraus, operierte über Mittelsmänner und spann so ihre Fäden im Geheimen. Nach außen hin war sie makellos.
„Irgendeine Schwäche muss sie doch haben, irgendeinen Angriffspunkt muss es doch geben", dachte die Harfenistin, während sie gierig ein Stück Zupfkuchen verschlang, von je her das Lieblingsgebäck aller Harfenisten.
Aber so sehr sie auch grübelte und nachdachte, es fiel ihr nichts ein, wie man die Yogalehrerin vernichten könne. „Wie ist das nur möglich?", dachte sie, „Mein Hass auf dieses verfluchte Gummi-Ekel ist mindestens so groß wie die Rocky Mountains und trotzdem will mir nichts einfallen. Das kann doch nicht wahr sein. Doch halt! Rocky Mountains? Rocky? Natürlich!" Sie hatte die ganze Sache vom falschen Ende her angefangen, dabei hatte sie doch so oft gesehen, wie man es richtig machte. Wie alle Harfenistinnen war sie eine glühende Verehrerin von Sylvester Stallone und seinen Rocky-Filmen. Was konnte es nach der Absolvierung eines dreistündigen Bach-Oratoriums in einer zugigen Kirche schöneres geben, als im Kino zu sitzen und zuzusehen, wie Herr Stallone seine Mitmenschen vermöbelte? Da sah die Welt doch gleich wieder ganz anders aus.

Doch bevor die Szenen kamen, in denen Rocky alles platt machte, wurde immer erst einmal ausführlich gezeigt, welch ein gnadenloses Training er dafür absolvieren musste. Diese Szenen hatten die Harfenistin immer gelangweilt, weil dort niemand verprügelt wurde, aber jetzt kamen sie ihr plötzlich wieder in den Sinn. „Rocky hat völlig recht“, dachte sie. „Wenn man wen vernichten will, muss man erstmal Monate lang trainieren. Anschließend muss man nur noch zu seinem Opfer hingehen und der Rest ergibt sich dann schon von selbst.“

Am nächsten Morgen stand die Harfenistin noch früher auf als sonst und begann zu trainieren.

Der Anfang war hart, sehr hart sogar, nicht nur einmal dachte sie daran, alles hinzuschmeißen und aufzugeben. Aber dann riss sie sich zusammen. „Niemals! Ich werde das durchziehen und wenn es das letzte ist, was ich tue“, schwor sie sich mit zusammengebissenen Zähnen, und bekämpfte diese Momente der Schwäche, indem sie ihr Trainingspensum verdoppelte.

Sie trainierte eisern, und je länger sie durchhielt, desto leichter fiel es ihr. Irgendwann fing es sogar an, ihr Spaß zu machen und fortan trainierte sie in jeder freien Minute. Immer härter und härter. Oft vergaß sie darüber zu essen und zu schlafen, so süchtig war sie inzwischen nach ihrem Training geworden.

Und schließlich – nach kaum mehr als einem halben Jahr – konnte sie die berühmte Musik, nach der Rocky in seinen Filmen immer trainierte, fehlerfrei auf ihrer Harfe spielen.

Was für ein Triumph!

Nun mag der eine oder andere ja oberlehrerhaft einwenden, dass DAS ja wohl kaum der richtige Weg sei, um sich in eine tödliche Kampfmaschine zu verwandeln, aber das muss ja wohl jeder für sich selbst entscheiden. Die einen stemmen mörderisch schwere Gewichte, laufen im T-Shirt zwanzig Meilen durch den Schnee und dreschen auf gefrorene Rinderhälften ein und die anderen setzen sich an die Harfe und spielen wunderschöne Musik. Wer will sich da ein allgemeingültiges Urteil anmaßen, welche Methode die bessere ist? Sicher, auf den ersten Blick, möchte man meinen, dass ... aber wie oft hat sich das Offensichtliche plötzlich als grundfalsch herausgestellt. War nicht über Jahrtausende hinweg jedermann davon überzeugt, dass die Erde eine Scheibe sei? Und heute?

Auch bezüglich der besten Trainingsmethode dürfte das letzte Wort noch nicht gesprochen sein. Aber wie dem auch sei, selbst der Harfenistin kamen irgendwann gewisse Zweifel, dass diese Form des Trainings ausreichend sei und so eilte sie umgehend in das beste Sportgeschäft am Platze und erwarb die beiden schwersten Hanteln, welche es dort zu kaufen gab. Man muss dazu sagen: Was Hanteln anging, war dieses Sportgeschäft nicht allzu gut sortiert. So waren die schwersten Hanteln, die man führte, zugleich auch die leichtesten, um nicht zu sagen, die einzigen. Zwei Damen-Jogging-Hanteln à zweihundert Gramm. Sie konnte sich zwar nicht entsinnen, dass Rocky jemals solche benutzt hätte, allerdings: Einige Filme der sechsteiligen Reihe hatte sie ja auch verpasst.

Aber Rocky hin oder her, zu Hause begann sie sogleich, diese Gewichte zu stemmen, was besser ging, als sie erwartet hatte. Wie die meisten Menschen, hatte sie das Vorurteil gepflegt, dass Hanteln wahnsinnig schwer seien, aber wie so oft, wenn man sich mal wirklich näher mit einer Sache befasst, stellte sich auch dieses Vorurteil als stark übertrieben heraus.

Die Harfenistin war guten Mutes, schon bald einen Zustand zu erreichen, in dem ihr die Vernichtung der Yogalehrerin ein Leichtes wäre, aber dann kam es, wie es kommen musste:

Die eine Hantel fiel ihr hinter die Waschmaschine und die andere war bei einem Besuch ihres Schwagers von dessen Bobtail für einen

Kauknochen gehalten und auf das Ekelhafteste vollgesabbert worden. Der Harfenistin blieb nichts anderes übrig, als die Sache mit dem Training schweren Herzens aufzugeben.

Sie hatte ja die besten Vorsätze gehabt aber unter solchen Umständen wäre selbst Rocky machtlos gewesen.

Ihr wurde klar, dass es ihr allein nicht gelingen würde, die Yogalehrerin zu vernichten. Sie brauchte einen Verbündeten.

Aber wo sollte sie den finden? Der einzige, der ihr schließlich einfiel, war jemand, den sie von einem früheren Projekt her kannte. Da war es allerdings nicht um eine Vernichtung gegangen, sondern um die Produktion einer CD mit ihren besten Harfenstücken. Natürlich wäre ihr als Verbündeter ein Karatemeister oder ein Superplaner oder am besten gleich ein Auftragsmörder viel lieber gewesen, aber solche Leute kannte sie nun mal nicht. Dieser Mann war halt Audiotechniker. Immerhin war er konkurrenzlos billig. Bei besagter CD-Produktion (Harfenklänge aus Kloster Eberbach) hatte sie ihn überreden können, kein festes Honorar zu verlangen, sondern sich auf eine Beteiligung an den Einnahmen von den CD-Verkäufen, sobald diese die Gewinnzone erreicht haben würden, einzulassen.

Der Harfenistin war inzwischen allerdings längst klar geworden, dass dieser Gewinn-Fall zumindest zu ihren Lebzeiten nicht mehr eintreten würde. Von den tausend Exemplaren der CD hatte sie inzwischen sechsundzwanzig nach Konzerten, bei denen sie aufgetreten war, verkauft und mit weiteren einhundertneunzehn Stück hatte sie alle Freunde, Verwandte, Bekannte und Nachbarn zum Geburtstag, zu Weihnachten, zu Ostern, zur Hochzeit und als Dank für's Während-des-Urlaubs-die-Zeitung-aus-dem-Briefkasten-holen beschenkt.

Der Fairness halber muss man anmerken, dass sie dadurch viel Geld für Geschenke, die sie ja sonst hätte kaufen müssen, gespart hatte, was ja auch irgendwie so eine Art Gewinn ist, aber man muss auch anmerken, dass die Beschenkten sich natürlich ihren Teil dabei dachten und der Harfenistin im Gegenzug auch nur noch blöden Plunder schenkten. Dies war ein Spiel, in dem es keine Gewinner gab. Doch zurück zum Audiotechniker. Der war also weiß Gott kein harter Hund, der – egal, was passiert – niemals aufgibt à la Tom Cruise, wie man ihn sich als Verbündeten wohl wünschen mag, wenn man plant jemanden zu vernichten, sondern mehr einer von der Sorte gutmütiger Heiopei. Aber der Harfenistin war doch ein Weg eingefallen, wie er ihr helfen konnte. Ihr Plan bestand darin, sowohl die Yogaschule als auch die Privaträume der Yogalehrerin mit kleinen, unauffälligen Abhörgeräten zu bestücken, um so eine Schwachstelle bei dieser zu entdecken.

„Selbst der tugendhafteste Mensch verbirgt eine Reihe von Geheimnissen, die er auf keinen Fall ins Licht der Öffentlichkeit gerückt sehen lassen möchte", sagte sie sich, „Irgendwann wird sie sich verplappern und dann habe ich sie. Ich muss nichts tun, als warten. Die Zeit arbeitet für mich."

Zum gegenwärtigen Zeitpunkt war die Zeit aber vorerst die Einzige, welche für die Harfenistin arbeitete. Der Audiotechniker indes verstand nur Bahnhof, ging ständig davon aus, dass es bei diesem Projekt um eine CD mit Harfenmusik für Yogastunden gehe und bestand überdies auf einen Vorschuss.

(Auch Heiopeis lernen manchmal dazu.)

Womit ihn die Harfenistin schließlich aber doch überzeugen konnte, auf den Vorschuss zu verzichten und sich sogleich mit Feuereifer in die Arbeit zu stürzen, das war die strikte Illegalität dieses Projektes. Seit frühester Jugend hatte er davon geträumt, sich als Abhörspezialist bei der CIA zu verdingen. Das versprach ein Leben voller Abenteuer und mit zwanzig war er fest dazu entschlossen gewesen, diesen Weg zu gehen. Aber irgendwie war die Sache dann doch im Sande verlaufen.

Trotzdem schlug sein Herz weiterhin für die Welt des Abhörens und begierig hatte er jede Information darüber, derer er habhaft werden konnte, in sich aufgesogen. Vorzugsweise durch das vielmalige Ansehen des Films Der Dialog von 1974, in dem der Abhörspezialist, dargestellt von Gene Hackman, die Hauptfigur ist. Viele Male hatte er diesen Film inzwischen gesehen. Mindestens drei- bis zwölfmal pro Woche. Seit diesem Film verehrte er Gene Hackman ganz außerordentlich. Ja, offen gesprochen: Es war sein absoluter Lieblingsschauspieler. Auf Grund der Verehrung für ihn, aber auch weil bei illegalen Abhöraktionen eine Tarnung zweckdienlich war, schlug der Audiotechniker vor, sich Decknamen zuzulegen. Er zum Beispiel könne sich ja Hackman oder so nennen.

„Mir doch egal", dachte die Harfenistin, während sie „Gute Idee" sagte und anerkennend mit dem Kopf nickte.

Als Hackman dann jedoch auch noch vorschlug, die ganze Aktion Yogagate zu nennen, wurde sie allerdings doch etwas unwirsch und bat schmallippig darum, nun mal langsam zu Potte zu kommen und mit der eigentlichen Aktion anzufangen, statt sich ständig nur Namen für irgendwas auszudenken.

Und so ging man schließlich ans Werk.

Hackman leistete ganze Arbeit und verwanzte jeden, aber wirklich jeden Winkel in den Räumlichkeiten der Yogalehrerin und zur Sicherheit auch noch ihre Garage und den Garten. Aber so vielversprechend, wie sich die Aktion auch anließ, sie führte nicht zu dem ersehnten Ziele. Im Gegenteil. Oh, im Gegenteil: Zwar war es gelungen, Stunden über Stunden hochbrisantes Material aufzunehmen, welches die Yogalehrerin schwer belastete, zwar wurde diese, nachdem man das Material Polizei und Presse übergeben hatte, sofort verhaftet und in allen Medien öffentlich an den Pranger gestellt, aber was nützte das? Das Ziel war doch gewesen, etwas Böses zu tun. Damit hingegen, dass die Harfenistin der Yogalehrerin ihr dreckiges Handwerk gelegt und die ganze Yoga-Connection aus korrupten Politikern, Yogalehrern, Homoö- und Psychopathen hochgehen lassen hatte, war der Menschheit doch nur ein Riesengefallen getan worden. Das war nun gar nicht im Sinne der Erfinderin.

„So geht das nicht weiter. Euch werd ich zeigen, was ne Harfe ist. Ab jetzt werde ich andere Saiten aufziehen“, murmelte sie finster vor sich hin, während sie an ihrer Harfe andere Saiten aufzog. – Und dann: „Es hilft alles nichts: Ich muss jemanden ermorden.“

Gesagt, getan. Zunächst war der blöde Audiotechniker dran, denn der wohnte in einem Haus, an dem sie auf dem Weg zur Arbeit sowieso immer vorbei musste und so bot sich das natürlich an. Doch einen Mord begehen, ist eine Sache, und anschließend damit leben, eine andere. Die Harfenistin musste erkennen, dass es ihr auch mit diesem Mord nicht gelungen war, etwas Böses zu tun. War das überhaupt ein Mord gewesen? Nein, auch die Tötung des Audiotechnikers entpuppte sich als durch und durch gute Tat. Hatte dieser doch ein wahrlich elendes Leben geführt. Ständig hatte er sich von Musikern bequatschen lassen, für sie CDs auf Basis einer prozentualer Beteiligung zu produzieren, so dass er praktisch nie etwas verdient und in Folge dessen in einer schäbigen, mit Technikkrempel vollgestellten anderthalb Zimmer-Wohnung gehaust und sein Leben hauptsächlich damit verschwendet hatte, sich wieder und wieder eine alte Filmschmonzette aus den siebziger Jahren anzusehen. Traurig war das. Einfach nur traurig. Nein, tot war der Mann eindeutig besser dran. Erneut stand die Harfenistin bösigkeitsmäßig vor dem Nichts.

„Es ist zum Verzweifeln!“, dachte sie, während sie die Saiten ihrer Harfe nachschärfte, die Fußpedale erhitzte und die Sitzfläche ihres Harfenschemels einfettete. Was Harfenisten halt so tun, wenn sie gerade nicht ganz bei Sinnen sind. Ja, sie zweifelte zunehmend daran, dass es ihr überhaupt jemals gelingen würde, etwas richtig Böses zu tun. Halbherzig beging sie noch drei oder vier Morde, aber immer stellte sich heraus, dass sie damit auf die eine oder andere Weise eine gute Tat begangen hatte. Sie wurde unglücklicher und unglücklicher und ihre Seele tickte lauter und heftiger als jemals zuvor.

So ging es, bis sie – eines Tages – auf ihrem Lieblings-Sender Harp-TV (nur mit Decoder empfangbar) eine Dokumentation über eine berühmte, ach, was sag ich, die berühmteste Harfenistin überhaupt sah. Sie hatte schon sehr viele Dokumentationen über berühmte Harfenistinnen gesehen. Nur ganz selten erfuhr sie daraus noch etwas, was sie noch nicht wusste. Aber dieses Mal war es anders. Während man den Harfenistinnen in den früheren Dokumentationen ihre unterdrückte Wut deutlich ansehen konnte, strahlte diese Harfenistin eine große innere Ruhe und Lebensfreude aus. Was war ihr Geheimnis?

Leider verriet sie es nicht. Glücklicherweise hatte unsere Harfenistin die Dokumentation auf Video aufgenommen (Ja, auf Video. Einen DVD-Player mit Aufnahmefunktion konnte sie sich nicht leisten und von einem Festplattenrecorder hatte sie noch nie etwas gehört, aber Video ist ja auch okay.) und so konnte sie sich die Sendung immer wieder ansehen, was sie auch tat.

Und plötzlich verstand sie.

In jeder Szene der Dokumentation hatte die glückliche Harfenistin eine Zigarette in der Hand, aus der sie genüssliche Züge nahm.

Konnte es wirklich so einfach sein?

Es konnte.

Sie besorgte sich eine Stange Marlboro ohne Filter (wenn schon, denn schon) und qualmte los, dass es nur so rauchte. Herrlich! Wenn sie täglich ihre sechzig Zigaretten rauchte, war sie entspannt und glücklich und der Rest der Welt war ihr vollkommen wurscht. Nie wieder sah man sie ohne Zigarette. Sie dankte dem Herrgott auf Knien, dass sie sich bei der Instrumentenwahl nicht für ein Blasinstrument entschieden hatte, sondern für die Harfe, so konnte sie auch während des Spielens rauchen.

Zwar war es so, dass jedes Mal wenn sie sich wieder eine Zigarette ansteckte, ihre Orchesterkollegen und insbesondere die Bläser (besorgt um ihre ach so kostbaren Lungen, dabei ist doch längst erwiesen, dass eine von innen geteerte Lunge eine viel bessere Resonanz hat; das hat eine Studie des renommierten Philip-Morris-Instituts in Richmond, Virginia ganz unzweifelhaft nachgewiesen), dass also besonders die Bläser die Augen verdrehten und ostentativ husteten, aber gerade dann schmeckte es ihr am besten.

Manchmal ist alles viel einfacher, als man vorher glaubt, dachte sie fröhlich, während sie versuchte, ihre nikotingelben (aber glücklichen) Finger mit einer Drahthaarbürste zu reinigen.

„Man muss gar nicht unbedingt die EINE große böse Tat tun. Viele kleine sind genauso gut. Ja, sogar besser, so hat man immer wieder etwas davon."

So rauchte sie weiter, so viel sie nur konnte. Ihr Rauch stieg ihren Musiker-Kollegen beim Spielen in Augen und Lungen und in ihren Seelen regte sich der Zorn. In manchen weniger, in manchen mehr.

Am meisten jedoch bei der Triangelspielerin, denn der Triangel ist das einzige Instrument, das sich zum Abreagieren der Wut noch weniger eignet, als die Harfe.

Und so begann es in der Seele der Triangelspielerin zu brodeln.

Ganz gefährlich zu brodeln.

Ganz ganz gefährlich.

Aber das ist eine andere Geschichte...

Nachwort

Das ist das Ende unserer kleinen Geschichte, über die Harfenistin, die etwas bedeutendes Böses tun wollte und am Ende entdeckte, dass schon die kleinste böse Tat lohnenswert ist. Oder wie es im Talmud heißt: Wenn du nur einen einzigen Menschen vollqualmst, hast du die ganze Welt vollgequalmt.

Es bleibt nur noch zu klären, was aus den übrigen Beteiligten dieser Begebenheit wurde:

Die gequälten Schüler der Harfenistin wurden fast sämtlich drogensüchtig und kamen auf die schiefe Bahn. Nur einer von ihnen unterzog sich freiwillig einem Methadonprogramm, das er jedoch vorzeitig abbrach. Ein weiterer ist als DJ bei einer Techno-Disco in Aachen angestellt.

Keiner von ihnen hat je wieder eine Harfe angefasst.

Die Autorin der kitschigen Kinderbücher merkte irgendwann, dass man von Kinderbüchern nicht leben kann und heiratete den erfolgreichsten Fahrradhändler von ganz Südost-Schleswig-Holstein. Ein Großteil des Jahres verbringt sie im gemeinsamen Ferienhaus auf Rügen. Sie genießt das Leben und ist froh, dass sie keine Kinder hat. Die kann sie nämlich eigentlich gar nicht ausstehen.

Die korrupte Yogalehrerin wurde in die Strafanstalt Fuhlsbüttel, Hamburg überstellt, wo sie eine lebenslange Freiheitsstrafe verbüßt. Eine Chance auf vorzeitige Entlassung besteht frühestens im Jahre 2026. Sie wird dann einundsiebzig Jahre alt sein.

*

Gewidmet Brigitte Langnickel-Köhler, der Original-Boshaften-Harfenistin

Langeweile – Der verkannte Seelenzustand

Immer wieder werde ich zum Thema Langeweile befragt. Es scheint eine große Nachfrage danach zu bestehen, jeder möchte sich langweilen, es ist ein menschliches Grundbedürfnis, aber nur die wenigsten wissen, wie es geht. Sicher, ein jeder von uns HAT sich bereits gelangweilt, aber wohl eher unabsichtlich. Hierbei handelt es sich nur um Glückstreffer, ohne jede Bedeutung. So wie zufällig Geld auf der Straße zu finden etwas ganz anderes ist, als Geld zu verdienen. Dazu braucht es Know-how. Dieses Know-how soll hier vermittelt werden.

Fragen wir uns zunächst: Was ist Langeweile eigentlich? Wenn wir einem Wissenschaftler dieses Problem vorlegen, bekommen wir eine klare Antwort. Wie alles, lässt sich auch Langeweile in eine mathematische Formel fassen, wobei die Langeweile mit dem Kürzel L bezeichnet wird. Die Formel lautet:

1x1x1x1x1x1x1x1x1x1x1x1x1x1x1x1x
1x1x1x1x1x1x1x1x1x1x1x1x1x1x1x1x
1x1x1x1x1x1x1x1x1x1x1x1x1x1x1x1x
1x1x1x1x1x1x1x1x1x1x1x1x1x1x1x1x
1x1x1x1x1x1x1x1x1x1x1x1x1x1x1x1x
1x1x1x1x1x1x1x1x1x1x1x1x1x1x1x1x
1x1x1x1x1x1x1x1x1x1x1x1x1x1x1x1x
1x1x1x1x1x1x1x1x1x1x1x1x1x1x1x1x
1x1x1x1x1x1x1x1x1x1x1x1x1x1x1x1x
1x1x1x1x1x1x1x1x1x1x1x1x1x1x1x1x
1x1x1x1x1x1x1x1x1x1x1x1x1x1x1x1x
1x1x1x1x1x1x1x1x1x1x1x1x1x1x 0 = L

Wenn wir diese Formel gründlich studiert haben, sind wir der Langeweile schon ein gutes Stück näher gekommen.
Doch erklärt die Formel nicht das Faszinosum, welches schon immer von der Langeweile ausgegangen ist und die Künstler von James Joyce bis Marcel Proust zu allen Zeiten inspiriert hat. Zum Beispiel zu folgendem Opus, aus dem ich einen kurzen Auszug zitieren will:
Ich bin zu Hause. Ich sitze auf einem Stuhl. Ich langweile mich. Das mache ich, bis es Zeit zum Schlafengehen ist. Dann gehe ich schlafen. Morgen langweile ich mich weiter. Und übermorgen... usw. usw.
Großartig. Wen das nicht langweilt, dem ist nicht zu helfen.

Aber werfen wir zunächst einen Blick auf die historische Entwicklung der Langweile. Das ist zwar nicht unbedingt notwendig, aber langweilig ist es allemal.
Als einer der ersten Langweiler der Geschichte gilt der Politiker Cato der Ältere (234-149 v. Chr.), der jede Rede mit dem Ausspruch „Im Übrigen bin ich der Ansicht, dass Karthago zerstört werden muss", beendete. Zu Anfang noch ein echter Schocker, aber nachdem die römischen Senatoren es ein paar hundert Mal gehört hatten, erzeugte er damit eine ganz erhebliche Langweile.
Dann verliert sich die Spur der Langweile für einige Jahrhunderte im Dunkel der Geschichte. Erst im frühen Mittelalter stoßen wir wieder auf sie, diesmal in Gestalt des französischen Herrschers Ludwig des Langweiligen (966-987) und des deutschen Königs Philipp der Langweiler (1177-1208). Leider starben beide bereits in sehr jungen Jahren, so, dass sie ihr Lebenswerk nicht vollenden konnten. Wer weiß, welche Gipfel der Langeweile sie sonst erreicht hätten?
Auch in späteren Zeiten hat es immer wieder den einen oder anderen langweiligen Herrscher auf dem Thron gegeben.
Ihre Geschichten sind überliefert, aber leider dann doch so interessant,

dass sie in einem Artikel über Langweile naturgemäß nicht wiedergegeben werden können.

Man sieht aber bereits an diesen wenigen Beispielen, die Langeweile war in früheren Zeiten ein Privileg der Reichen und Mächtigen. Nur sie hatten angesichts ihrer zahlreichen Dienstboten die Zeit, der Langweile zu frönen. Das einfache Volk, das täglich sechzehn Stunden hart arbeiten musste, konnte davon nur träumen.

Glücklicherweise sind diese Zeiten längst vorbei. Heute kann sich jeder diese Beschäftigung leisten.

Durch die Errungenschaften der modernen Technik (von der Waschmaschine bis zum Auto) spart jeder von uns soviel Zeit, dass Zeitmangel als Ausrede einfach nicht mehr gilt.

Und Langeweile muss auch nicht viel kosten. Ja, im Gegensatz zu den meisten anderen Freizeitbeschäftigungen wie Golf oder Tennis braucht man zum Langweilen keine spezielle Ausrüstung. Oft ist es ohne sogar einfacher.

Wer trotzdem noch unsicher ist, ob er es schafft, sich ohne Hilfe zu langweilen, kann natürlich ein bisschen was investieren. Manch einer besorgt sich zum Beispiel ein Aquarium, wogegen auch nichts einzuwenden ist. Was man aber unbedingt vermeiden muss, ist, nach dem Befüllen mit Wasser auch noch Fische in hineinzusetzen. Ein typischer Anfängerfehler.

Aber beginnen wir bei den Grundlagen: Wer sich richtig langweilen will, muss verstehen, dass Sich-langweilen nichts ist, was man mal eben husch-husch zwischen Frühstück und Zur-Arbeit-fahren erledigt. Wer solches tut, hat nichts verstanden. Der wahre Kenner nimmt sich Zeit. Nur so lässt sich die Langeweile voll auskosten. Ein exquisites Feinschmeckermenü schlingt man ja auch nicht mal eben im Gehen hinunter.

Merke: Hektik ist Gift für die Langeweile und muss unter allen Umständen vermieden werden.

Auch Freunde sind – man kann es nicht oft genug betonen – ein kaum zu überschätzender Störfaktor beim Sich-langweilen.

Uns um unsere herrliche Langweile beneidend, während sie selbst sich irgendwelchen interessanten Beschäftigungen hingeben müssen, werden unsere Freunde alles daran setzen, unsere Langweile zu zerstören. Besonders fröhlich gestimmte Freunde müssen unbedingt gemieden werden. Ihre Fröhlichkeit ist hochansteckend und bedeutet das Aus für jede noch so starke Langeweile.

Natürlich ist keine Regel ohne Ausnahme: Sollten Ihre Freunde Sie einladen, um Ihnen ihre Urlaubsdias vorzuführen, lassen Sie alles stehen und liegen und eilen so schnell sie können zu ihnen. Eine bessere Gelegenheit, sich geradezu tödlich zu langweilen, wird Ihnen so schnell nicht wieder geboten werden.

Aber warum tun wir uns überhaupt so schwer mit dem Langweilen?

In unserer Jugend fällt es uns noch leicht. Wir sind noch nicht so degeneriert, wie als Erwachsene. Morgens in der Schule langweilen wir uns mit Leichtigkeit mehrere Stunden am Stück, aber wenn wir älter werden und im Berufsleben stehen, meinen wir leider allzu oft, wir hätten nicht mehr die nötige Zeit dazu und so verkümmert diese Fähigkeit über die Jahre immer mehr und wir müssen sie erst wieder mühsam erlernen, was oft viele Jahrzehnte dauert. Erst im Alter gelingt es uns wieder mühelos, zumindest andere zu langweilen, und zwar, indem wir einen der wirksamsten Kunstgriffe der Langeweile einsetzten: Wiederholung. Auch die interessanteste Geschichte wird, zum tausendsten Mal erzählt, allseits lähmende Langeweile auslösen.

Ein weiteres Problem, das hier offen angesprochen werden soll, ist, dass sich die öffentliche Wahrnehmung in Bezug auf die Langeweile im Verlauf der Geschichte radikal verändert hat.

In früheren Zeiten war es noch ein Zeichen von vornehmster Lebensart, sich ausgiebig zu langweilen: Der 6. Earl of Chichester beispielsweise galt als einer der kultiviertesten Männer seiner Zeit, weil es ihm als ersten gelungen war, sich über eine geradezu unvorstellbare Zeitspanne ununterbrochen zu langweilen, nämlich vom 2. Februar 1769 bis zum 19. Juli 1804. Eine Glanzleistung, die heute nicht nur kaum noch vorstellbar ist, sondern die auch von der heutigen Mitwelt scharf kritisiert würde. Sagen wir es offen heraus: Langeweile hat ein Imageproblem. Denn Langeweile ist immer ein Zeichen dafür, dass es einem zu gut geht. In Krisenzeiten, wie beispielsweise dem ersten Weltkrieg kam eigentlich nie irgendwo Langeweile auf. Jegliche Form der Krise und insbesondere der Krieg, als schlimmste Form der Krise vernichtet augenblicklich das fragile Seelengespinst, welches wir Langeweile nennen.

Die einzige Ausnahme von dieser Regel war der hundertjährige Krieg. Nach achtzig Jahren wurde hier und da schon ein bisschen gegähnt.

Ja, Langeweile ist ein Zeichen dafür, dass man keine Probleme hat. Wer das nicht glaubt, mag sich zum Beispiel mit bloßen Händen an den Fahnenmast des Empire State Building hängen und versuchen, sich dort zu langweilen. Es wird nicht gelingen.

Auch in der Politik gilt, je langweiliger ein Politiker, desto weniger Schaden wird er anrichten. Unter der Herrschaft von Iwan dem Schrecklichen hingegen hat sich wohl kaum jemand gelangweilt. Aber natürlich möchte niemand von sich sagen, dass es ihm zu gut geht und so wird die Langeweile Stück für Stück immer mehr aus der Mitte unserer Gesellschaft gedrängt. Man denke nur an die Abschaffung des Testbilds, welches noch bis in die siebziger Jahre die Wohnzimmer in der ersten Tageshälfte mit Langeweile erfüllte oder an die Einführung des Internets, des bisher schwersten Angriffes auf die Langeweile überhaupt. All dies sind Zeichen des kulturellen Verfalls. Dabei sollten

wir Menschen dankbar sein für dieses exklusive Geschenk der Natur. Zwar können sich auch Tiere langweilen, aber da sie nicht wissen, dass sie sich langweilen, haben sie nichts davon. Das ist einzig und allein dem Menschen vorbehalten.
Sicher, mancher wird das geringschätzig als unwichtig abtun und fragen: Wozu soll Langeweile überhaupt gut sein?
Aber diese Frage ist letztlich sinnlos. Genauso gut könnte man einen Bergsteiger fragen, warum er auf Berge klettert. Weil sie DA sind. Wir langweilen uns, weil wir es können. Die Langeweile trägt ihren Sinn in sich und bedarf keiner weiteren Begründung.

Doch kommen wir nun endlich zum Praktischen: Wie langweilt man sich am besten?
Im Prinzip kann man sich fast überall langweilen, aber je reizärmer die Umgebung, desto leichter wird es Ihnen fallen. Am leichtesten ist es, wenn Sie sich auf einen Stuhl setzen und eine graue Wand angucken. Probieren Sie es aus, sie werden sehen, schon sehr bald wird sich ein starkes Gefühl von Langeweile einstellen, das Einzige, wovor Sie sich unter allen Umständen hüten müssen, ist, dabei versehentlich in die Meditationsfalle zu tappen. Das passiert nur allzu schnell und hat nichts mit Langeweile zu tun. Denken Sie nur an wenige uninteressante Sachen, aber an die immer und immer wieder. Auch ein gelegentliches Gähnen kann hilfreich sein. Dabei zu essen ist verboten, aber wenn Sie durstig werden, können sie etwas Leitungswasser in Zimmertemperatur trinken.
Besonders Ehrgeizige können sich darüber hinaus noch an Orte mit einer besonders starken Langweiligkeitsenergie begeben. Zum Beispiel den Ikeaparkplatz in Paderborn oder natürlich an den langweiligsten Ort überhaupt: Langweiler bei Idar Oberstein.
Wer es dennoch nicht alleine schafft, sich zu langweilen, kann einer

Selbsthilfegruppe beitreten. Um was es in der jeweiligen Gruppe geht, spielt dabei keine Rolle, langweilig sind sie alle.

Dies ist das Ende meiner kleinen Handreichung über die Langeweile. Wenn sich während des Lesens auch nur ein Leser gelangweilt hat, ist mein Ziel erreicht.
Zum Abschluss noch ein Tipp für all diejenigen, die ihr Leben ganz der Langeweile weihen wollen: Heiraten ist ein guter Anfang.

Meine zweitlängste Festanstellung

Über mein langfristiges Ziel bin ich mir völlig im Klaren: Weltherrschaft!

Aber mittelfristig? Keine Ahnung. Darüber hab ich noch nie nachgedacht. Hätte ich vielleicht tun sollen, denn genau danach hat Hackfresse mich gerade gefragt.

Hackfresse ist natürlich nur ein interner Ausdruck, den ich in meinem Kopf verwende, um die Situation etwas aufzulockern. In Wirklichkeit heißt Hackfresse Dr. Hartmann und ist der Personalchef einer Firma, die so ein Hochdruckirgendwas herstellt. Was heißt einer Firma? Der führenden Firma in der ganzen Region, wie Hackfresse jetzt bereits zweimal betont hat, so als wollte er sich bei mir bewerben. Aber mir ist das so was von schnurzpiepegal, meinetwegen könnten sie auch die miserabelste Hochdruckfirma von ganz Europa sein, ich will diese Stelle. Nicht, dass die jetzt besonders toll wäre. Assistent vom Leiter der Poststelle stand eigentlich nie auf der Liste meiner Traumberufe. Aber die Traumberufe sind zur Zeit nicht in Reichweite und ich hab einfach keine Lust mehr, länger nach einem Job zu suchen.

„Herr Franzke?" Eine leichte Ungeduld schwingt in Hackfresses Ton mit. Aber falls er glaubt, dass ich so schneller antworte, hat er sich gründlich getäuscht. Wenn ich so inquisitorisch behandelt werde, macht mich das nur nervös und dann geht gar nichts mehr. Ich hatte gehofft, dass ich für dieses Vorstellungsgespräch entspannt genug bin, wenn ich Hackfresse in meinem Kopf Hackfresse nenne. Aber jetzt merke ich, das reicht nicht. Nun muss ich meine Geheimwaffe einsetzen: Leute, die mir Angst machen, stelle ich mir gern als Figuren vom Kasperletheater vor. Glücklicherweise muss ich bei Hackfresses Gesicht gar nicht viel Phantasie aufbringen, um die notwendigen Veränderungen vorzunehmen. Er hat von Natur aus etwas sehr Kasperlemäßiges. „Tritratrullala, na Kinder, was sind eure mittelfristigen Ziele?“ Ich entspanne mich und versuche mir vorzustellen, was er wohl hören will. Wahrscheinlich etwas dynamisch Tatkräftiges. Ich darf natürlich nicht übertreiben, schließlich ist Poststellenassi nicht gerade eine Führungsposition. Ich überlege kurz, ob es ihm wohl gefallen würde, wenn ich behaupte, dass ich mit Hochdruck arbeiten würde, unterlasse es aber dann doch lieber. Möglicherweise käme er sich vergackeiert vor. Aber was soll ich sagen? Ich kann mich einfach nicht konzentrieren, denn was momentan wesentlich mehr Interesse in mir auslöst, ist Hackfresses Toupet. Es wirkt unfassbar unecht und fügt sich überhaupt nicht in die echten Haare ein. So, als wenn Hackfresse heute Morgen in größter Eile zur Arbeit aufgebrochen wäre. Schnell noch ein flüchtiger Kuss auf die Wange von Frau Hackfresse und schon im Gehen das Toupet vom Kleiderhaken genommen und ohne hinzusehen aufgestülpt. Unglaublich, dass so einer Personalchef bei der in der Region führenden Firma für Hochdruckirgendwas sein darf.

„Herr Franzke!“ Hackfresse blinzelt nun deutlich unwirsch unter seinem Toupet vor, offenbar nicht gewillt, länger auf eine Antwort von mir zu warten. Ich würde sie ihm gerne geben, aber gerade kommt mir ein geradezu ungeheuerlicher Gedanke: Es ist gar kein Toupet. Das sind Hackfresses eigene Haare. Um Gottes Willen! Da weiß ich wirklich nicht, was schlimmer ist: Ein Toupet oder – DAS! Allein schon, um mich von diesem gruseligen Gedanken abzulenken, beginne ich zu antworten. Die Worthülsen, die ich aneinanderreihe, sind mir beinahe peinlich, aber Kasperle nickt ernsthaft. Genau diese Sprache scheint bei ihm gut anzukommen. In Momenten wie diesen frage ich mich, ob die Welt nicht vielleicht auch in Wirklichkeit ein Kasperletheater ist. Vielleicht sind wir alle nur Kasperlefiguren, die so tun, als wenn sie ernst sind.

„Sehr schön, Herr Franzke, dann gehen Sie jetzt bitte gleich rüber in die Poststelle, dort wird man ihnen dann alles Nötige erklären.“ Wie? Soll das etwa heißen, dass die mich einstellen? Sind die irre? Na, um so besser, ich drücke Hackfresse die Hand und verlasse schleunigst sein Büro, bevor er es sich anders überlegen kann.

So, was hat Hackfresse eben noch gesagt? Wo war jetzt diese Poststelle? Im dem grauen Gebäude auf der anderen Straßenseite? Warum ist denn die nicht in demselben Gebäude, wie das Personalbüro? Wenn hier alles so unorganisiert ist, bin ich hier jedenfalls goldrichtig. Ich kann es immer noch kaum fassen. Ich habe den Job! Das werd ich heute Abend feiern. Aber mit Hochdruck. Während ich die Straße überquere, sehe ich die Feier bereits vor mir: Ein prächtiger Ballsaal, elegante Damen in festlichen Roben und Männer im Smoking. Ein Kellner bringt mir einen Drink: „Ihr Wodka-Martini, Sir. Geschüttelt, nicht gerührt.“ Aber als ich den Drink nehmen will, wird der Kellner unverschämt: „Mach die Augen auf, Du Arsch!“ Unfassbar! Was erlaubt der sich? Bei näherem Hinsehen erscheint mir sein Verhalten aber gar nicht mal so unberechtigt, zumal es sich gar nicht um den Kellner handelt, sondern um einen gorillaähnlichen Muskelprotz, den ich beim Verlassen des Gebäudes versehentlich angerempelt habe, so dass er seinen Coffee-to-go über seinen grünen Trainingsanzug verschüttet hat. Es ist genau das gleiche Grün, wie das vom unglaublichen Hulk.

Nur, dass der dieses Grün auf der Haut hat und nicht auf der Kleidung. Das ist aber auch schon der einzige Unterschied, den ich erkennen kann. Muskelmasse und Gesichtsausdruck meines Gegenübers sind eins zu eins vom Hulk übernommen. Ich murmele eilig eine Entschuldigung und sehe zu, dass ich Land gewinne.

Dreißig Minuten später hab ich den Vorfall längst vergessen und lebe bereits vollständig in der Welt des Postversendens, in dessen Geheimnisse mich mein neuer Chef nun einweiht. Die ganze Sache scheint doch verdammt kompliziert zu sein. Nicht, dass ich zuhören würde, aber mein Chef redet jetzt bereits seit gefühlten fünfzehn Stunden auf mich ein. Ich nicke gelegentlich höflich, aber zum Zuhören fehlt mir wirklich die Kraft, da ich gestern Abend noch fürchterlich versackt bin und meine ganze Aufmerksamkeitskraft bereits in Hackfresses Büro verbraucht habe.

Zwei Stunden darauf bin ich bereits halb mit dem Einsortieren der eingegangenen Post in die verschiedenen Postfächer fertig. Entweder bin ich ein Naturtalent oder der Job ist piepeinfach. Wahrscheinlich letzteres. Eine dritte Möglichkeit gibt es auch noch: Der Job ist doch nicht so einfach, aber da ich bei der Einweisung nicht zugehört habe, mache ich alles falsch und denke nur, dass es einfach ist. Für diese dritte Möglichkeit spricht zumindest, dass jetzt mein Chef mit hochrotem Kopf vor mir steht und mich anbrüllt. Es fallen eine größere Anzahl unschöner Worte, von denen ich nur mal „bescheuerter Vollidiot“ und „total unfähig“ als exemplarisch herausgreifen will. Diesmal zwinge ich mich, seinen Erklärungen zuzuhören. Is wohl letztlich einfacher so.

Weitere zwei Stunden später hat sich meine Vermutung bestätigt: Der Job ist tatsächlich piepeinfach. Wenn man erstmal weiß, wer in welcher Abteilung arbeitet, ist das Posteinsortieren ein Klacks. Das kann ich im Halbschlaf erledigen. Ich muss es sogar im Halbschlaf erledigen, weil diese Arbeit so irre langweilig ist. Aber wenn die Post endlich verteilt ist, kann ich mich dem Teil der Arbeit zuwenden, der mich - man glaubt es kaum, aber es ist so - fasziniert. Dem Versenden der Firmenpost. Das geschieht nämlich mittels eines Gerätes, das für mich faszinationsmäßig nur knapp hinter einer eigenen Gelddruckpresse rangiert: Die Frankiermaschine. Man schiebt einen Brief hinein und dann wird das vorher eingestellte Porto draufgedruckt. Einfach so. Quasi gratis. Also, natürlich nicht wirklich gratis, die Firma muss bei der Post eine Wertmarke über ein paar tausend Euro kaufen, aber bis die wieder aufgebraucht ist, kann man nach Herzenslust drauflos frankieren.

Ein postalisches Schlaraffenland. Ich liebe diese Maschine. Das Gefühl, quasi gratis zu frankieren, hat etwas von einem Gewinnabo bei einem Spielautomaten in Las Vegas. Manchmal steigere ich mich dabei in geradezu rauschhafte Zustände. Zumal ich versuche, die Grenzen auszuloten. Aber anscheinend gibt es keine. Gerade eben habe ich ein paar hundert Werbepostkarten mit je fünfundzwanzig Euro frankiert. Funktioniert anstandslos. Herrlich! Und jetzt habe ich herausgefunden, wie sich selbst das noch toppen lässt: Ich frankiere Schmierzettel, die ich anschließend zerreiße. Das ist in etwa so ein Gefühl, wie sich eine Zigarre mit einem Geldschein anzuzünden. (Nehme ich an, ich rauche ja nicht). Natürlich ist dies für die Firma ein ziemlicher Schaden, aber gerade das erhöht den Spaß ja noch mehr. Und jetzt mal ehrlich, bei dem Hungerlohn, den die mir zahlen, ist etwas Vergeltung einfach ein Muss.

Abgesehen davon, muss ich allerdings schon zugeben, dass dieser Job nicht einer gewissen Erbärmlichkeit entbehrt. Assi des Postheinis in einer Firma für Hochdruckdings. Das ist wirklich nichts Dolles. Es ist vielleicht okay, wenn man achtzehn ist oder so, aber ich bin ja nun schon Anfang dreißig. Statt, meiner eigentlichen Bestimmung zu folgen, was immer die auch ist, verdödele ich hier meine Zeit. Allerdings, wenn später mal eine Dokumentation über mich gedreht wird, wird sich diese elende Anfangszeit ganz gut machen: "Über die frühen Jahre von Robert Franzke ist nicht viel bekannt. Er hält sich mit Gelegenheitsjobs über Wasser. Niemand, nicht einmal er selbst, ahnt zu diesem Zeitpunkt, zu welch' unglaublicher Höhe er noch in diesem Leben aufsteigen wird."

So in der Art. Na, mal sehen, jetzt ist erstmal Mittagspause. Die Aussicht auf ein leckeres Essen verbessert meine Laune ganz erheblich. Die schöne Laune ist allerdings sofort wieder im Eimer, als ich sehe, wie viele Leute in der Kantine bereits anstehen. Die Nahrungskette dürfte nach vorsichtigen Schätzungen mindestens zwanzig Meter lang sein. Aber sinnloses Warten ist so gar nicht mein Ding und ich erkunde, ob ich hier nicht als Quereinsteiger schneller zum Zug kommen kann. Und in der Tat, fast ganz vorne sehe ich ein unverkennbares Haarbüschel aus der Menge hervorblinken. Kein Zweifel, dieses Toupet gehört meinen alten Freund Hackfresse aus der Personalabteilung. Ich schnappe mir ein Tablett und mache mich auf den Weg zu ihm. Wie hieß Hackfresse eigentlich richtig? Ich versuche mir das Schild an seiner Bürotür ins Gedächtnis zu rufen. Hackmeier? Mackheimer, Heim...? Nee, Hartmann, gerade noch rechtzeitig fällt es mir ein. Thomas Hartmann. So heißt er.

„Hallo Thomas", begrüße ich ihn und schlage ihm locker auf die Schulter.

Hackfresse dreht sich zu mir um. Er braucht einen Moment, um sich in der ungewohnten Situation zurecht zu finden.

„Hallo...Her..."

Das „Herr" kann er sich in letzter Sekunde noch verkneifen. Aber beim Vornamen möchte er mich natürlich auch nicht nennen. Das wäre zu vertraulich in seiner Position. Er zögert kurz und fragt mich dann unter freundlichem Nicken:

„Na, auch hier?"

„Klar."

Damit ist Hackfresses Gesprächsstoff offenkundig erschöpft. Aber dann fällt ihm doch noch was ein.

„Na, wie läuft's denn in der Poststelle?"

Ich gucke, als ob er einen geistreichen Scherz gemacht hätte und erwidere:
„Und wie läuft's in der Personalabteilung?“ Dabei gucke ich ihn so an, als ob jetzt ich einen geistreichen Scherz gemacht hätte. Hackfresse ringt sich auch tatsächlich so eine Art Lachen ab.
„Äh, sehr gut.“
Vor uns steht jetzt nur noch ein Mann in der Schlange. Ich muss das Gespräch so lange in Gang halten, bis Hackfresse dran ist, um mich dann organisch auf den Platz hinter ihm einfügen zu können. Das dürfte kein Problem sein. Aber jetzt fängt der Dussel vor uns doch noch tatsächlich an, zu überlegen, ob er lieber Bratkartoffeln oder Kartoffelgratin haben möchte. Ich deute auf Hackfresses Brust: „Coole Krawatte.“ Gut, das war jetzt etwas gewagt. Hackfresses Krawatte ist einfarbig dunkelblau, aber wieder mache ich die Erfahrung, dass auch das absurdeste Kompliment immer gut ankommt.
„Oh, danke.“ Hackfresse lächelt bescheiden. Gerade als ich schon erwäge, Hackfresses Schuhe zu loben, hat sich der Kartoffelkretin vor uns endlich entschieden und watschelt zufrieden mit seinem Kartoffelkram von dannen.
Hackfresse bestellt schnell und effizient. Da sieht man wieder, dass es Gründe hat, warum es manche Menschen in Führungspositionen schaffen und andere nicht.
Im Weggehen nickt mir Hackfresse noch mal zu.
„Na, dann guten Appetit.“
„Lass Dir's schmecken, Thomas.“
So, endlich bin ich an der Reihe. Was gibt's denn überhaupt? Oh, das sieht ja alles verdammt lecker aus. Spaghetti Bolognese, Bratfisch und Jägerschnitzel stehen als Hauptgericht zur Wahl und dann gibt's auch noch etliche Beilagen. Da fällt die Auswahl schwer. Ich entscheide

mich für Spaghetti, ändere aber noch im letzten Moment zu Jägerschnitzel. Jetzt fehlt nur noch die Beilage. Pommes Frites, Kartoffelgratin oder Bratkartoffeln. Schwierig. Ich glaube, ich nehme...

„He, Freundchen!“ höre ich eine Stimme hinter mir rufen und sowohl der Tonfall als auch der wuchtige Klaps mit dem Handrücken gegen meinen Oberarm, lassen mich vermuten, dass das Wort Freundchen eine ziemliche Verharmlosung darstellt.

Ich drehe mich um und traue meinen Augen nicht. Vor mir steht der Typ, den ich nach meinem Vorstellungsgespräch vor dem Haus versehentlich angerempelt habe: Der unglaubliche Hulk. Ja, kein Zweifel, das ist er. Ich erkenne ihn an seinem hulkgrünen Trainingsanzug. Unglaublich! Was macht der denn hier? Arbeitet der etwa auch hier? Als was? Falls es in dieser Firma keine Abteilung gibt, in der Schweine in zwei Hälften gehackt werden, ist es schwer vorstellbar, dass man hier irgendeine Verwendung für ihn hat.

Aber offensichtlich doch, sonst stünde er ja jetzt nicht vor mir, würde mir nicht mit seinem bratwurstdicken Zeigefinger auf die Brust tippen und sagen:

„Typen wie dich, haben wir gerne!“

(Wieder habe ich den Verdacht, dass er eigentlich das genaue Gegenteil meint.)

„Stell Dich hinten an, Du Arschgeige!“

Einerseits bin ich angenehm überrascht, dass so einer, wie der Hulk das Wort Geige kennt, andererseits lässt sein Blick ahnen, dass er nicht gewillt ist, sich auf eine Diskussion einzulassen. Um meine Angst zu dämpfen, versuche ich, ihn mir als Kasperlefigur vorzustellen, aber das nützt nichts, als Kasperhulk ist er sogar noch furchterregender als ohnehin schon.

Weiter hinten in der Schlange höre ich einige Leute lachen. Einige grinsen mich an und weisen mit dem Daumen auf das Ende der Reihe. Unfassbar. Diese Drecksbande! Sieht denn keiner, dass ich hier bedroht werde? Warum hilft mir denn keiner? Wo ist Spiderman (oder wer immer für den unglaublichen Hulk zuständig ist), wenn man ihn braucht?

Jetzt packt mich der Hulk an meinem T-Shirt und gibt mir einen Schubs in die Richtung, die seiner Ansicht nach für mich die passende ist. Ganz locker macht er das, aber es reicht, um mich bereits die ersten fünf Meter zurücklegen zu lassen.

Den restlichen Weg gehe ich unter dem verstohlenen Grinsen des üblen Warteschlangenmobs. Inzwischen ist die Schlange noch länger geworden. Mindestens vierzig Meter (gefühlte achthundert) dürften es jetzt sein. Mein Herz schlägt wie wild und ich versuche, mich zu beruhigen, indem ich mir vorstelle, wie die Doku über mich diesen Vorfall in hundert Jahren darstellen wird: „Gegen diese Übermacht ist Franzke machtlos. Gedemütigt verlässt er das Schlachtfeld. Vorerst. Er weiß: Dieser Kampf ist noch nicht vorbei. Seine Zeit wird kommen."

Apropos Zeit: Die Schlange bewegt sich im Schneckentempo voran. Ich hab Hunger! Wenn das so lahm weiter geht, werd ich noch irre. – Nein. Bleib ruhig. Nicht hibbelig werden. Übe dich in fernöstlicher Gelassenheit. War Lao Tse etwa hibbelig? Und sagte nicht schon Jesus, die Letzten werden die Ersten sein? Wie lange es allerdings im konkreten Fall dauert, bis die Letzten die Ersten sind, hat er schlauerweise nicht gesagt.

In meinem Fall, schätze ich, dass es etwa fünfundvierzig Minuten sein werden, bis es endlich soweit ist.

Ich ziehe alle vorhandenen Papierservietten aus dem Metallspender und stopfe sie mir in die Hosentasche.

Gleich nach der Mittagspause frankiere ich sie alle mit je fünfzig Euro. Irgendwie muss man sich ja gegen das Schweinesystem hier zur Wehr setzen. Wie soll man das sonst hier aushalten?

Zweieinhalb Stunden später erweist sich diese Frage dann als hinfällig, denn ich erhalte selber Post. Sie wird von einem Büroboten überbracht und enthält meine fristlose Kündigung. Anscheinend hab ich das mit dem Servietten-frankieren am Schluss doch etwas zu sorglos gemacht, jedenfalls scheint mich mein Chef dabei beobachtet und mich bei Hackfresse verpfiffen zu haben. Schade eigentlich, ich war so dicht davor, meinen persönlichen Anstellungszeitrekord von sieben Stunden dreißig zu brechen. Na ja, dann vielleicht beim nächsten Mal.

In der Nacht habe ich einen Traum: Ich bin ein Mann, der tagsüber in einem Büro arbeitet. Das ist aber nur meine Tarnexistenz. Nachts verwandele ich mich in einen Superhelden, der alles Böse in der Welt bekämpft. Und zwar mittels meiner Superkräfte. Es ist so ähnlich, wie bei Spiderman, der aus seinen Handgelenken Spinnennetzen schießen kann. Bei mir kommen allerdings nicht Spinnennetze, sondern Briefmarken, die ich in unglaublicher Geschwindigkeit abfeuern kann. Wenn ich dann z.B. einem Monster gegenüber stehe, schieße ich die Marken so ab, dass dem Monster die Augen zugeklebt sind und es kampfunfähig ist. Wenn das nicht reicht, schieß' ich noch mehr Marken ab, bis das Monster so ausreichend frankiert ist, dass man es so ohne weiteres zum Beispiel nach Australien schicken kann. Dann hat die Welt erstmal Ruhe vor ihm – abgesehen von Australien.

Vielleicht wäre das ja wirklich was für mich. So ein Leben als Superheld könnte ich mir schon vorstellen. Obwohl es wahrscheinlich auch ganz schön stressig ist. Viele Überstunden und oft muss man sogar nachts noch arbeiten. Und das, wo ich doch so gerne schlafe. Möglicherweise bin ich als Superheld doch nur bedingt geeignet. Aber

für welchen Job bin ich eigentlich überhaupt geeignet? Ich habe nicht die geringste Ahnung.

Gott sei Dank bleibt ja noch die Option mit der Weltherrschaft.

Sylter Visionen

Sylt. Die meisten Menschen, die den Namen dieser idyllischen Insel hören, denken wahrscheinlich an lange Strände, hohe Dünen und schnuckelige Häuser mit Reetdach. Und all dies prägt ja auch das Erscheinungsbild der Insel, was jedoch niemand ahnt (man weiß es oder nicht, aber ahnen tut es niemand) ist, dass auch zwei Transatlantik-Kabel (eines nach den USA und eines nach Kanada) hier beginnen.
In Folge dessen gibt es in ganz Deutschland keinen besseren Ort, wenn man die neuesten kanadischen und amerikanischen TV-Serien ansehen will. Der Empfang ist exzellent und es gibt für den Sylter nichts Schöneres, als mit einem Fischbrötchen auf dem Sofa vor dem Fernseher zu sitzen und sich die neusten Serien aus Übersee anzugucken.
Doch kaum ein Sylter weiß, wem er die unbeschwerten Fernsehstunden zu verdanken hat. Kein Denkmal erinnert an ihn und in den Annalen der Sylter Geschichtsschreibung sucht man ihn vergeblich. Nur wenigen Historikern ist sein Name ein Begriff und doch war jener Mann einer der bedeutendsten Visionäre seiner Zeit.
Dies ist seine Geschichte.

Uwe Peter Jensen wurde als erstes und einziges Kind des Krabbenfischers Peter Uwe Jensen und der Näherin Agnes Jensen im Frühjahr des Jahres 1822, 1884 oder 1932 geboren.
Über die Sauklaue von Pfarrer Hansen, der den Eintrag ins Geburtsregister vornahm, wollen wir uns hier nicht weiter verbreiten. Das haben andere Historiker bereits ausführlich getan.
Jensens Kindheit war keineswegs so unbeschwert, wie die der anderen Kinder. Am Strand herumtollen oder im Wasser plantschen war seine

Sache nicht. Sein Hobby war das Bergsteigen. Und das konnte er auf Sylt nur teilweise ausüben. Und zwar den Teil, der darin bestand, eine Bergsteigerausrüstung anzulegen und dann nach oben zu gucken. Damit endeten aber schon alle Ähnlichkeiten mit dem professionellen Bergsteigen. Anschließend legte er die Ausrüstung wieder ab und ärgerte sich, bis es Zeit zum Schlafengehen war.

Nein, für Bergsteiger war Sylt nicht gerade ein El Dorado und so blieb ihm nichts anderes übrig, als sich in seine Phantasie zu flüchten und seine Bergbesteigungen im Geiste vorzunehmen. Mit der Zeit flüchtete er immer häufiger in diese Phantasiewelt. Eines Nachts hatte er einen merkwürdigen Traum: In seinem Traum kletterte er an einem langen Seil einen hohen Berg hinauf. Immer höher und höher gelangte er, immer wieder wähnte er sich kurz vor dem Gipfel, nur um eines um das andere Mal feststellen zu müssen, dass dieser noch meilenweit entfernt war. Irgendwann erwachte er und war erschöpfter als beim Zubettgehen.

Zunächst dachte er nicht weiter an diesen Traum, aber immer häufiger kam ihm dieses nicht enden wollende Seil in den Sinn. Ärgerlich verscheuchte er diesen Gedanken wieder, aber jedes Mal wurde er drängender und drängender. Irgendwann ließ ihn diese Vorstellung nicht mehr los. Ein nie endendes Seil. Was für ein faszinierender Gedanke. Er konnte nicht aufhören, darüber nachzusinnen. Immer kühner wurden seine Visionen. Man muss sich Jensen als so eine Art Mischung von Columbus und Edison vorstellen. Leider mit der Erfindungsgabe von Columbus und dem Wagemut von Edison, aber selbst damit lag er visionärsmäßig gesehen immer noch weit über dem Durchschnitt. Die Idee wurde immer mehr zur Besessenheit. Ein unvorstellbar langes Seil. Ja, er war entschlossen, diese Vision zu verwirklichen. Die erste Frage war natürlich, wo befestigte man dieses Seil? Die erste Hälfte dieser Frage ließ sich leicht beantworten: Das untere Ende würde natürlich an Sylt festgeknotet. Das war klar. Aber das obere? Berge gab es ja nicht. Tage – ja wochenlang sann Jensen über dieses Problem nach. Eines Tages, als er gerade am Strand entlangging und beim Sinnieren so auf das Meer blickte, da sah er neben sich einen Kabeljau herschwimmen. Blitzartig kam Jensen die Erkenntnis: Waagerecht. Natürlich: Waagerecht. Die selbe Richtung, in der sich dieser Fisch fortbewegte, sollte auch das Seil haben. Es würde waagerecht von Sylt wegführen. Jensen war überglücklich. Zu Ehren des Kabeljaus, der ihn auf diese famose Idee gebracht hatte beschloss er, das ganze künftig nicht mehr Seil zu nennen, sondern Kabel. (Das „Jau" war ihm für ein Projekt von so gigantischem Ausmaß zu volkstümlich)

Jensen konnte es kaum noch abwarten, seinen Plan in die Tat umzusetzen. Seine Umwelt reagierte allerdings nur mit Hohn und Spott. „Du hast ja gar nicht genug Geld, um das zu bezahlen." und „Wozu soll das überhaupt gut sein?", lauteten die am Häufigsten geäußerten Kommentare. Es waren halt kleingeistige Tröpfe, die sein Genie nicht begreifen konnten, aber recht hatten sie natürlich schon.

Die Finanzierung war in der Tat ein Problem. So ein Projekt würde Millionen kosten. Woher nehmen? In seiner Not verfiel Jensen auf die altehrwürdige Sylter Tradition des Rummelpottlaufens, bei dem die Kinder mit lustigen Masken von Tür zu Tür gehen und um Süßigkeiten bitten, bzw. ein Spottlied auf den Hausbewohner singen, wenn dieser ihnen keine gibt. Jensen war natürlich kein Kind mehr. Er musste diesen Brauch seinen reiferen Jahren naturgemäß etwas anpassen. So war seine Maske zum Beispiel nicht lustig, sondern schlicht schwarz. Auch drohte er nicht mit Spottliedern, sondern mit einem Revolver. Und er besuchte nicht Privatleute, sondern Banken und verlangte Bargeld. Und tatsächlich, durch den schönen alten Brauch des Rummelpottlaufens, so sehr sich zynische Großstädter auch über ihn mokieren mögen, hatte Jensen nach wenigen Monaten ein Startkapital von fünf Millionen Mark zusammengebracht. Nachdem auch dieses Problem gelöst war, konnte es losgehen.

Zunächst galt es, ein nichtendenwollendes Kabel zu besorgen. Das erwies sich allerdings als leichter, als alle gedacht hatten. Fünf Millionen waren in jener Zeit sehr viel Geld. Damit ließ sich fast alles ermöglichen und schon bald konnte er die Lieferung von achttausend Kilometer Kabel freudestrahlend entgegen nehmen. Mit Hilfe eines Atlasses berechnete er, wie weit er mit seinem Kabel wohl kommen könne und stellte fest, dass es wohl bis Kanada reichen würde.

Jensen machte sich umgehend auf den Weg und bestieg das nächste Schiff nach Kanada. Eine Reise, die damals noch mehrere Monate dauerte. Dort angekommen brauchte Jensen nicht allzu lange, um auf der syltzugewandten Seite von Kanada ein Grundstück mit einem stabilen Wasserturm zu finden, dessen Besitzer ihm zu einem fairen Preis gestattete, dort ein Kabel zu befestigen, wann immer Jensen es beliebe.

Ein weiterer wichtiger Markstein des Projektes war damit erreicht. Doch zurück in Sylt dann der Schock. Oberbürgermeister Jens Uwe Petersen weigerte sich rundheraus, Jensen die Befestigung seines Kabels wo auch immer zu gestatten. „Das sieht nicht aus“ und „was sollen die Leute denken?“ waren seine unwiderlegbaren Argumente.

Jensen wusste vor Verzweiflung weder aus noch ein. War denn alles umsonst gewesen? Wozu hatte er sich mit Rummelpottlaufen abgequält, wozu war er bis nach Kanada gereist, wenn jetzt...?

Doch dann stellte sich heraus, dass der Oberbürgermeister zwar keinen Sinn für Visionen hatte, aber für finanzielle Zuwendungen durchaus aufgeschlossen war, zumal Jensen seine Forderungen jetzt eine Nummer bescheidener ausfallen ließ. Den Plan das Kabel am höchsten Kirchturm von Sylt zu befestigen hatte er fallengelassen.

„Wenn ich das Kabel wenigstens mit ein paar Krampen an den westlichen Landungsbrücken befestigen dürfte, wäre ich schon zufrieden“, versicherte er, während er dem Oberbürgermeister eine nicht unbedeutende Summe über den Tisch schob. Der Oberbürgermeister war bemüht, die Form zu wahren und murmelte. „Müsste gehen, ich werd' mich mal umhör'n“. Unter Historikern ist diese Besprechung heute als das „Sylter Gekabbel“ bekannt. Die Namen der Sylter Orte Wenningstedt, Kampen, Westerland und Hörnum erinnern bis zum heutigen Tag an dieses Ereignis.

Gleich am nächsten Morgen begann Jensen mit der Arbeit. Da sein Kapital inzwischen beträchtlich zusammengeschrumpft war, beschloss er, zu sparen, wo es nur ging und soviel wie möglich selbst zu erledigen. So schnappte er sich in aller Herrgottsfrühe das eine Ende des Kabels und begab sich zu den westlichen Landungsbrücken. Leider war er noch nie selbst dort gewesen und so verfranzte er sich total, lief bald hierhin, bald dorthin und als die Straßen langsam zu Leben erwachten, waren nicht wenige von ihnen mit einem Kabel durchzogen. Viele Sylter Bürger fanden das durchaus interessant, aber insbesondere die Fahrradfahrer konnten dieser Neuerung nichts abgewinnen und die meisten Passanten, die von den stürzenden Fahrradfahrern getroffen wurden, ebenfalls nicht.

Der Oberbürgermeister war außer sich, zumal er ja zumindest mit seiner zweiten Befürchtung („Was sollen die Leute denken?“) voll ins Schwarze getroffen hatte. Nein, jetzt war endgültig Schluss mit dieser lächerlichen und gemeingefährlichen Narretei. Das sei endgültig, es sei denn, Jensen würde ihm eine höhere Summe als vereinbart zahlen.

Jensen zahlte. Der Name des Ortes Morsum erinnert noch heute daran.

Jetzt stand der Verwirklichung von Jensens Traum nichts mehr im Wege. Das Kabel wurde von den westlichen Landungsbrücken bis zu dem kanadischen Wasserturm gespannt und schon hing in zwei Meter Höhe ein achttausend Kilometer langes Kabel über den Atlantik. (Sooo einfach, wie das jetzt klingt war es nun auch wieder nicht, aber die technischen Details würden ja doch nur Fachleute interessieren.) Jensen wars zufrieden. Doch schon bald erfasste ihn erneut eine innere Unruhe. Hatte er das maximal mögliche getan? Warum in aller Welt hatte er ein Kabel nach Kanada gespannt? Da lebten nur Hinterwäldler und Bären. Beides Individuen, mit denen Jensen nichts zu tun haben wollte. Nein, das war ein Irrweg gewesen. Sein nächstes Kabel sollte nach Amerika gehen, dem Land der unbegrenzten Möglichkeiten, dem Land der Zukunft. Jensen stand wieder am Anfang. Erneut hieß es Rummelpottlaufen, geeignete Anknotplätze diesseits und jenseits des Atlantiks finden und den Nachfolger des Bürgermeisters bestechen. Aber irgendwann war auch dies vollbracht. Zwei wunderschöne Kabel spannten sich nun über den Atlantik. Jensen hatte gesiegt.

Dann jedoch, wenige Tage später, bekam er mit der Morgenpost zwei Briefe. Einen vom Sylter Oberbürgermeister und den anderen vom amerikanischen Handelsministerium. In beiden stand so ziemlich das gleiche. Man fordere ihn ultimativ auf, sein Kabel binnen dreier Tage zu entfernen, da es die internationale Seeschifffahrt unzumutbar behindere.

Der Rest der Geschichte ist schnell erzählt. Mit einer Drahtschere trottete Jensen zu den westlichen Landungsbrücken und kappte unter Tränen beide Kabel.

Binnen kürzester Zeit sanken sie auf den Meeresgrund.

Für Jensen brach eine Welt zusammen. Wenn diese Kabel schon keinen Sinn erfüllten, sollte man sie doch wenigstens sehen können. Aber jetzt sah man nur noch Wasser.

Jensen ging nach Hause und erwähnte diese Episode zeitlebens mit keinem Wort mehr. Er brach alle Kontakte zur Außenwelt ab und führte fortan ein einsiedlerisches Leben.

Wenige Jahre später starb er.

Als man jedoch Jahre später in Kanada und den USA nach einer billigen Möglichkeit suchte, die Insel Sylt mit Fernsehprogrammen zu versorgen, erinnerte man sich wieder der Kabel und ruckzuck wurden die Dinger an die entsprechenden Stellen angeschlossen. An Jensen dachte dabei niemand. An seine Vision erinnert aber auch heute noch das Wort Kabelfernsehen.

Lustiger Text!

Damit Du gleich Bescheid weißt: Du liest gerade einen lustigen Text. Es könnte allerdings sein, dass Du dies nicht erkennen kannst. Das tut mir als Autor leid, aber ich bin nun mal keiner von denen, die schon mit dem berühmten albernen Löffel im Mund geboren sind und dessen Eltern jede Menge Witzebücher im Regal stehen hatten. Nein, mir hat keiner erklärt, was lustig ist. Als ich elf war, hat mir mein Onkel mal einen Ostfriesenwitz erzählt und das war's. Wie hätte ich unter solchen Bedingungen lernen sollen, lustig von nichtlustig zu unterscheiden? Ich hatte nie eine echte Chance. Kannst Du Dir vorstellen, wie verdammt schwer es ist, Satiriker zu sein, wenn man nicht weiß, was lustig ist? Es ist die Hölle! Aber ich habe mich davon nie entmutigen lassen. Wir leben in einer modernen Demokratie. Es kann einfach nicht sein, dass in unserer heutigen aufgeklärten Welt humorlose Menschen vom Beruf des Satirikers ausgeschlossen sein sollen. Als Humorlose haben wir es ohnehin schon schwer genug und jeder hat das Recht, das zu tun, was ihn glücklich macht. Wenn einer wie Donald Trump Amerika regieren darf, darf ich auch lustige Texte schreiben. Und wer will sich überhaupt anmaßen, zu bestimmen, dass Komik lustig sein muss? Schluss mit der Diskriminierung von humorlosen Humoristen! Dieser Text ist nun mal nicht in der traditionellen Art lustig. So what? Er ist auf eine neue – andere – Art lustig, nicht in der Art, dass man lacht oder sich amüsiert fühlt, sondern auf eine eher uninteressant-ermüdende Weise, aber er ist darum nicht weniger wertvoll. Er hat genau so ein Recht darauf, lustig gefunden zu werden, wie ein Text von einem traditionellen Humoristen, der mit Gags, Pointen und Pipapo arbeitet. Nur ewig Gestrige können das nicht einsehen. Schluss mit lustig! Lass uns gemeinsam ein Zeichen setzen: Lache über diesen Text. JETZT!!!!!!!!!

Warum ich über das zwanzigste Jahrhundert nur wenig erzählen kann

Meine frühesten Kindheitserinnerungen sind Dunkelheit und der Geschmack von rohen Kartoffeln. Ich sitze mit meiner kleinen Schwester und meinen Eltern in unserem Keller und halte mir den Mund zu. Meine Eltern haben uns eingeschärft, nicht den kleinsten Laut von uns zu geben, weil sonst die französischen Soldaten herunterkommen und uns alle erschießen würden. So saßen wir schweigend im Finstern und ernährten uns von den besagten Kartoffeln. Fast fünfzehn Jahre verbrachten wir so, erst sehr viel später fand ich heraus, dass sich meine Eltern schon nach den ersten zehn Minuten aus dem Keller gestohlen hatten und es sich in unserer Wohnung ein Stockwerk darüber ungestört von Kindergeschrei gut gehen ließen, während französische Soldaten nur in Frankreich anzutreffen waren und keinesfalls im London des beginnenden zwanzigsten Jahrhunderts. Erst im Jahre 1916 schöpfte ich Verdacht, denn meine Eltern hatten ein Grammophon erworben und tanzten zu den Klängen der Tritsch-Tratsch-Polka Tag und Nacht wie wild durch die Wohnung, was verräterischen Lärm verursachte. Umgehend verließen wir den Keller, aber ich sollte an meiner neu gewonnen Freiheit nicht lange Freude haben. Zwei Jahre zuvor war Großbritannien in den Ersten Weltkrieg eingetreten und noch am selben Vormittag erreichte mich ein Schreiben vom Kriegsministerium, in welchem ich aufgefordert wurde, unverzüglich bei der Musterungskommission seiner Majestät vorstellig zu werden. Ich erinnere mich noch gut an meinen Weg dorthin. Es war ein nebliger Novembertag, und man sah nicht die Hand vor Augen, was mich selbst heute noch mit Bedauern erfüllt. Gern hätte ich London wenigstens einmal im Leben gesehen, aber es hat wohl nicht sein sollen. Noch in der Nacht wurde ich mit meiner Einheit per U-Boot über den Kanal gesetzt und dann im Güterzug nach Ypern in Belgien gebracht, wo ich im Morgengrauen bei einem Gasangriff der Deutschen vorübergehend das Augenlicht verlor. Sechs Monate lag ich hilflos im Lazarett.

Kaum war ich genesen, wurde ich aus Gründen, die man mir nicht mitteilte, zum militärischen Auslandgeheimdienst versetzt. Die nächsten zwei Jahre verbrachte ich in einem europäischen Land in geheimer Mission, wo ich mehr erlebte, als man in zehn Romanen beschreiben könnte, doch bis zum Jahre 2049 ist alles, was in dieser Zeit geschah, als Top Secret eingestuft und ich darf nicht darüber sprechen. In dieser Zeit lernte ich auch die große Liebe meines Lebens kennen. Sie hieß Olga und arbeitete für die Gegenseite. Nie zuvor oder danach, habe ich einen Menschen kennengelernt, der ihr auch nur annähernd ähnlich war, sie war etwas ganz Besonders und Worte sind ein zu armseliges Werkzeug, sie zu beschreiben. Doch leider war uns nur ein kurzes Glück vergönnt, an einem kalten Januarabend teilte sie mir mit, dass sie am nächsten Morgen nach Wien reisen müsse und das war das letzte Mal, dass ich sie sah. Ich habe nie erfahren, was aus ihr geworden ist.

1918 war der Krieg zu Ende und von einem Tag auf den anderen hatte man keine Verwendung mehr für mich. Einen Beruf hatte ich nicht erlernt und so kratzte ich meine Ersparnisse zusammen und reiste nach Marseille, wo ich mich für dreißig Jahre bei der Légion étrangère verpflichtete. Es sollten die dunkelsten Jahre meines Lebens werden und ich habe die Erlebnisse dort vollständig aus meinem Gedächtnis verbannt. 1948 wurde ich mit einem neuen Pass und einem hübschen Sümmchen ehrenhaft entlassen. Ich beschloss, nach Paris zu fahren, um mir dort Gedanken über mein zukünftiges Leben zu machen. Ich konnte es kaum erwarten, die Stadt, von der ich schon soviel gehört hatte, mit eigenen Augen zu sehen und so eilte ich zum Bahnhof und erreichte gerade noch den Nachtzug nach Paris. Doch als ich am nächsten Morgen gut ausgeschlafen am Gare du Nord aus dem Zug stieg, passierte es: ich blieb unglücklich mit dem Fuß am Koffer eines Mitreisenden hängen und stürzte kopfüber auf den Bahnsteig, wo ich ohne Bewusstsein liegenblieb.

Fast auf den Tag genau zwanzig Jahre später – man schrieb das Jahr 1968 – erwachte ich aus dem Koma und fühlte mich erholt, wie nie zuvor. Die Zeit in Paris hatte mir gutgetan. Das Geld von der Legion hatte sich auf meinem Bankkonto in der Zwischenzeit durch Zins und Zinseszins ganz erheblich vermehrt und ich war nun ein reicher Mann. In einer Zeitschrift, die jemand auf einer Bank im Krankenhausflur liegen gelassen hatte, las ich einen Artikel über Kalifornien, welcher mich augenblicklich faszinierte, so dass ich ohne lange zu überlegen beschloss, künftig dort zu leben. Unverzüglich verließ ich das Krankenhaus, stieg in ein Taxi und fuhr zum Flughafen Charles de Gaulle. Die nächsten sieben Jahre waren ein einziger LSD-Rausch. Ich vermute, es hat mir gefallen, aber leider sind meine Erinnerungen an diese Zeit nebulös und verworren.

Jetzt bin ich alt und lasse alles etwas ruhiger angehen. Meine Beine wollen nicht mehr so richtig und auch mit dem Gedächtnis beginne ich, Schwierigkeiten zu haben. Ich kann mich an Vieles nicht erinnern. Vor allem nicht an Dinge, die erst gestern gewesen sind oder auch nur vor zwei

Das Universum – Pro und contra

Contra

Um Eines vorweg zu schicken: Ich bin kein Nörgler, kein Miesepeter und kein ewiger Querulant, ich versuche durchaus, von allem beide Seiten zu sehen, aber irgendwo muss auch mal Schluss sein. Zum Beispiel beim Universum. Denn da liegt wirklich einiges im Argen. Ich will ja gar nicht behaupten, dass alles im Universum schlecht ist. Pizza Salami zum Beispiel ist eine leckere Sache, da gibt es nichts. Hinter Pizza Salami stehe ich ohne Wenn und Aber.

Aber darüber darf man folgendes nicht aus den Augen verlieren: Auch in der DDR war nicht alles schlecht. Beim Design von Ampelmännchen beispielsweise war man uns dort weit voraus, da konnten wir der DDR nicht mal ansatzweise das Wasser reichen.

Trotzdem war das ganze System in sich schlecht. Denn mit dem Kommunismus wurden die Bürger einem System unterworfen, dass sich zwar in der Theorie rechtfertigen lässt, das aber den Menschen in der Realität das ganze Leben versaut.

Genauso ist da auch beim Universum. Nur heißt das verrückte System, auf dem alles aufgebaut ist und mit dem die Menschen hier gequält werden, nicht Kommunismus, sondern Thermodynamik. Das ist der einzige Unterschied. Insofern ist das Universum letztlich nichts anderes, als eine gigantische DDR. Nur noch schlimmer. In der DDR wurde zumindest noch der Versuch gemacht, etwas aufzubauen. Das Universum hingegen setzt seine Thermodynamik ausschließlich zu unser aller Nachteil ein. Das große Prinzip des Universums, dass er der Menschheit aufzwingt lautet: Von selbst wird nie etwas besser, sondern immer nur schlechter.

Nur mal ein Beispiel:

Man stelle eine Tasse mit Kaffee auf den Tisch. Was passiert? Er wird kalt. Man stelle eine Portion Eis auf den Tisch. Was passiert? Sie wird warm. Das ist doch Schikane. Und das ist noch eines von den harmloseren Beispielen. Wenn wir nichts unternehmen, wird unsere Wohnung von selbst immer dreckiger. Wenn wir nicht aufräumen, wird unsere Wohnung von selbst immer unordentlicher. Wenn wir nicht täglich früh aufstehen und bei unserem Job erscheinen, sorgt das Universum dafür, dass wir gefeuert werden. Und so ist es in allen Bereichen. Kann das Zufall sein? Nein! Dahinter steckt System. Warum ist es nicht umgekehrt, nämlich dass alles immer besser wird, wenn man nichts macht? Machbar wäre das ja vom Universum. Wenn es nicht so ist, dann, weil das Universum das so will. Warum? Wem nützt das? Darüber schweigt man sich beim Universum aus. Es weiß genau, ihm kann keiner und deshalb kann es von niemandem gezwungen werden, sich zu erklären. Schon klar. Das Recht des Stärkeren. Gut, formal scheint alles in Ordnung zu sein. Es handelt sich nicht um Willkür. Das Universum hat sein Verhalten in Gesetze gefasst und diesen den hochtrabenden Titel Thermodynamik verpasst, trotzdem handelt es sich um einen zutiefst undemokratischen Vorgang, da ja alle (ich wiederhole: ausnahmslos alle) unter diesem System leiden.

Ungeachtet dessen, hält das Universum daran fest. Wie Honecker damals. Das Universum in seinem Lauf hält weder Ochs noch Esel auf. Ist das jetzt Trotz oder Altersstarrsinn?

Irgendwann muss es doch mal gut sein. Wir haben es jetzt kapiert, liebes Universum. Du kannst unsere Wohnung, nachdem wir sie sauber gemacht haben, mühelos wieder dreckig machen und auch sonst kriegst du alles, was wir erschaffen, kaputt. Für dich mag das ja rasend lustig sein, aber ein Gag wird nicht dadurch besser, dass man ihn milliardenfach wiederholt. Dir fehlt irgendwie so jedes Gespür dafür, wann man mal mit etwas aufhören muss.

Im Namen der Menschheit rufe ich aus: Schluss damit!

Fazit: Das Universum ist – von vereinzelten Ausnahmen abgesehen – undemokratisch und ineffizient und daher grundsätzlich abzulehnen.

Pro

Klar, wenn irgendwas bei uns schief läuft, ist immer irgendwer anders Schuld. Türken, Banker, Autofahrer. Es wechselt von Situation zu Situation. Hauptsache nicht wir. Jetzt ist das Universum dran. Angeblich macht das Universum alles kaputt, was wir erschaffen. Auf den ersten Blick erscheint das plausibel. Jeder kennt solche Situationen. Wir legen einen Bleistift auf den Schreibtisch, er rollt runter und fällt auf den Boden. Dort bleibt er liegen, wenn wir ihn nicht aufheben. Niemals fällt er vom Boden auf den Schreibtisch, was uns ja viel besser gefallen würde.

So weit so gut, aber vielleicht sollten wir, statt auf dem Universum rumzuhacken, uns mal lieber fragen, ob wir das Universum vielleicht gar nicht richtig bedienen können.

Wir versuchen ja auch nicht, mit dem Staubsauger die Zähne zu putzen. Wer so was versuchen würde, gälte als dumm oder verrückt. Aber mit dem Universum kann man's ja machen, da ist plötzlich alles erlaubt, was?

Was ist denn das bloß für eine menschliche Manie, ständig irgendwas irgendwo drauflegen zu wollen? Das Universum will nun mal, dass alles auf dem Boden liegt. Punktum. Was ist dagegen zu sagen? Was ist bloß mit uns los, dass wir es immer anders haben wollen? Warum sind wir so verkopft und so unzugänglich für die Gesetze der Natur?

Tiere sind uns da weit überlegen: Die legen niemals irgendwas irgendwo drauf. Sie akzeptieren nicht nur, dass alles auf dem Boden

liegt. Es gefällt ihnen. Sie räumen auch nie auf und machen nie sauber. Und der Erfolg gibt ihnen Recht. Haben Katzen Magengeschwüre, haben Hunde Burnout? Nein, Tiere haben gelernt, sich den gegebenen Situationen anzupassen. Wir Menschen machen den ganzen Tag einen Riesenbohei, rennen hierhin und dorthin, machen und tun, und regen uns auf und sind am Ende doch ständig unzufrieden. Ein Hund guckt ein bisschen treudoof und wedelt mit dem Schwanz und zack schon hat er freie Kost und Logis.

Es ist an der Zeit, dass auch der Mensch lernt, achtsam und respektvoll mit dem Universum umzugehen, statt ständig dagegen anzukämpfen.

Das Universum mag es dreckig und unordentlich. Das Universum will, dass alles auf dem Fußboden liegt. Das ist kein Fehler. Das soll so.

Fazit: Das Universum ist ein spannendes Konzept mit großem Potential, das allerdings seine Vorzüge nach außen noch klarer kommunizieren müsste.

Mein Liebestagebuch

April

Meine Freundin Kerstin und ich sind inzwischen unzertrennlich. Nicht nur arbeiten wir für dieselbe Firma, auch in der Freizeit gibt es fast nichts, was wir nicht gemeinsam täten. Oder zumindest gern gemeinsam tun würden. Denn seit einiger Zeit wird die arme Kerstin von einer unglaublichen Pechsträhne verfolgt: Wann immer ich sie anrufe, um mit ihr etwas zu unternehmen, gibt es irgendetwas, was es ihr unmöglich macht: Migräne, Beerdigung der Oma, Zahnschmerzen, Frühjahrsputz, Buß- und Bettag, Grippe, Beerdigung der anderen Oma, Wasserrohrbruch, Bauchschmerzen, oder Besuch von der Oma. Immer ist irgendwas. Manche Leute sind aber auch wirklich gestraft. Ich möchte nicht wissen, wie es um sie bestellt wäre, wenn es mich nicht gäbe und sie ihr Unglück ohne meine täglichen Anrufe durchstehen müsste.

Juni

Kerstin hat sich einen süßen Kosenamen für mich ausgedacht und nennt mich jetzt nur noch den „König der Ignoranten“.
Ich bin also für sie nicht irgendein x-beliebiger Ignorant, sondern der König unter denen.
Mein Kumpel Holger meinte, ich sollte mal ins Lexikon gucken, was Ignorant überhaupt bedeutet, aber wozu? König ist König.

September

Es erfüllt mich immer wieder mit Rührung, wie unglaublich sensibel und rücksichtsvoll Kerstin ist. Wenn sie mich auf der Straße auch nur von weitem auf sich zu kommen sieht, macht sie auf dem Absatz kehrt und eilt in die entgegengesetzte Richtung. So als wollte sie sagen: „Lass uns in dieselbe Richtung gehen, Geliebter."
Oder ein anderes Beispiel: Obwohl ich sie mindestens dreimal täglich anrufe, würde sie es nie wagen, mich unaufgefordert zurückzurufen und mich so in meiner Privatsphäre zu stören. Ja, sie geht sogar soweit, dass sie mich selbst dann nicht zurückruft, wenn ich sie ausdrücklich dazu auffordere.
Hat man je von einer fürsorglicheren Freundin gehört?

Oktober

Mir fällt immer öfter auf, wie unglaublich witzig meine Kerstin sein kann. Phänomenal! Und nicht nur das. Sie hat auch die Gabe, ihre komödiantischen Einlagen sehr gekonnt zu präsentieren. Erst letzte Woche – ich war gerade dabei, ihr von meiner Blinddarmoperation zu berichten – unterbricht sie mich plötzlich, setzt so einen herrlich irren Blick auf und brüllt: „Das interessiert mich nicht, du Arsch, Verschon mich endlich mit deinem blöden Gequatsche!"
Ich hab gelacht, bis mir die Tränen runterliefen. Und bei ihr hab ich auch ein paar gesehen, glaub' ich.

Dezember

Manchmal sind mir Kerstins geradezu übertriebenen Liebesbekundungen doch etwas peinlich. Als sie zum Beispiel neulich in der Kantinenschlange vor mir stand und ich ihr einen Begrüßungskuss gab, umarmte sie mich heftig mit beiden Händen am Hals und wollte gar nicht mehr loslassen. Und als wenn das nicht genug wäre, ließ sie es sich nicht nehmen, mir auch noch eines dieser modernen Gedichte zu rezitieren.

Ich glaube, es ging ungefähr so:

Nur weil wir beim Betriebsausflug
Nebeneinander im Bus gesessen haben
Heißt das noch lange nicht
Dass wir auch nur im Entferntesten
Befreundet wären.
Hast du das jetzt endlich kapiert
Du vollbescheuertes, saudämliches
Unglaublich langweiliges
Riesenarschloch?

Nicht ganz die Art von Kunst, mit der ich aufgewachsen bin, aber irgendwie hat es was.

Berichte aus dem Krisengebiet – Folge 31: Berlin

Während in Homs und Aleppo die Gefechte der Parteien im Syrienkonflikt mit unverminderter Härte fortdauern, geht es in Berlin – einer größeren Ortschaft, etwa zweitausendachthundert Kilometer vor den Toren von Damaskus gelegen – noch verhältnismäßig ruhig zu. Hier hat es bislang noch keine Anschläge auf die Regierungstruppen von Baschar al-Assad gegeben, welche - so vermuten Beobachter - offensichtlich eine neue Strategie verfolgen und sich praktisch gar nicht mehr in der Berliner Öffentlichkeit zeigen. Vielleicht auch eine Reaktion auf die Taktik der Syrischen Revolutionsmilizen, die im Berliner Stadtbild praktisch unsichtbar bleiben. Einzig und allein die Berliner (eine gemäßigt christlich orientierte Bevölkerungsgruppe) sind dort überall in den Straßen und auf den Plätzen anzutreffen. Es ist daher kaum übertrieben, wenn man von einer etwas gespenstischen Atmosphäre spricht. Für die westlichen Journalisten vor Ort ist die Lage in Berlin zunehmend heikel geworden, so ereignete sich beispielsweise Freitagabend im Adlon, einem Hotel, in dem die Vertreter der westlichen Medien provisorisch untergebracht sind, gegen 20.30 Uhr Ortszeit eine Explosion, verursacht durch einen Granatwerfer russischer Bauart; so vermuteten Geheimdienstexperten zumindest zunächst, es handelt sich dann aber doch nur um den Zimmerservice, der eine Flasche Champagner geöffnet hat. Erleichterung. Vorerst! Für dieses Mal ist man nochmal davon gekommen, aber ob man das nächste Mal genauso viel Glück hat – man kann nur warten und hoffen. Es sind scheinbar unbedeutende Zwischenfälle wie diese, die dafür sorgen, dass die Nerven selbst bei den abgebrühtesten Auslandskorrespondenten inzwischen blank liegen. Zumal ja auch bis heute niemand mit Sicherheit sagen kann, ob nicht am Ende doch IS-Terrorchef Abu Bakr al-Baghdadi hier die

Hand im Spiel hatte. Doch das ist noch nicht einmal das Schlimmste. Das Hauptproblem in Berlin liegt in der Versorgungslage, die, hier gibt es nichts zu beschönigen, einer humanitären Katastrophe gleichkommt. Es fehlt an allem. Einen ersten Eindruck davon gewinnt man bereits bei seiner Ankunft am Berliner Bahnhof, wenn man, kaum hat man das Bahnhofsgebäude verlassen, von etlichen jungen Menschen in zerrissenen Hosen gefragt wird, ob man mal einen Euro hätte. Aber – auch das soll nicht verschwiegen werden – die Berliner lassen sich trotz allem nicht entmutigen, sie sitzen mit einer fatalistischen Fröhlichkeit, die auf den westlichen Fremden nahezu unheimlich wirkt, in den Cafés und Lokalen, trinken Kaffee, essen Kuchen, als ob sie das alles nichts anginge, wobei man sich vor Augen führen muss, dass der Preis von umgerechnet vier Euro zwanzig für ein Stück Sachertorte mit Sahne eine Summe ist, für die hier ein durchschnittlicher Angestellter bis zu – umgerechnet – drei Minuten arbeiten muss. Stellvertretend für viele sei zum Schluss eine alte Frau erwähnt, die vergnügt vor sich hinlächelt, als sie eines dieser Cafés betritt, so, als wollte sie sagen: „Zum Teufel mit dem ganzen Terror hier, ich geh' jetzt lecker was futtern!“ Es sind Momente wie diese, die ein bisschen Mut machen, aber für allzu großen Optimismus ist es zu früh. Bis Berlin wieder eine normale Stadt sein wird, ist es noch ein langer Weg.

Warum ich immer recht habe

Ich möchte die Gelegenheit nutzen, um auf eine überaus wichtige Tatsache hinzuweisen:

<u>Ich habe immer recht!</u>

Und zwar mit allem. Egal, um welches Thema es geht: Politik, Religion, Ernährung, Kunst, Medizin oder was auch immer.
Wenn es über irgendein Thema unterschiedliche Ansichten gibt, ist es so, dass meine Meinung die Richtige ist.
Bedauerlicherweise ist dies noch nicht hinreichend bekannt, so dass es immer noch sehr viele Zeitgenossen gibt, die der felsenfesten Überzeugung sind, dass ausgerechnet sie diejenigen wären, die recht hätten. Sie fangen dann zum Beispiel an, mit mir über Politik zu streiten und beharren allen Ernstes darauf, dass ihre Partei die Beste sei, obwohl dies ja schon für meine Partei gilt. Wie sie zu solch abstrusen Ansichten kommen, bleibt ein Rätsel, aber Eines dürfte klar sein: Bei zwei gegensätzlichen Ansichten kann nur eine richtig sein. Da die Richtige aber schon die meine ist, kann – logischer Weise – die andere nur falsch sein. Diese Wahrheit mag für den Einen oder Anderen unbequem sein, aber dennoch – oder vielleicht sogar gerade deshalb – muss sie ausgesprochen werden.
Kritische Zeitgenossen werden fragen, warum gerade ich mit allem recht haben sollte. Eine berechtigte Frage, die ich gerne beantworte: Von klein auf habe ich viele Informationen gesammelt, über vieles nachgedacht, bis daraus Meinungen über die verschiedensten Dinge gereift sind. (Nicht zu allen Themen, die es gibt, aber zu vielen. Themen, zu denen ich keine Meinung habe, sind auch nicht wirklich wichtig.)

Da die objektiven Fakten ja für alle gleich sind, und alle Menschen nach logischer Betrachtung dieser Fakten eigentlich zu denselben Schlüssen über sie kommen müssten, ist es natürlich äußerst merkwürdig, dass dieses nicht der Fall ist. Ich denke nicht, dass die Leute sich absichtlich (aus Bosheit zum Beispiel) eine falsche Meinung zulegen, nein es fehlt wohl eher am logischen Denkvermögen. Das ist schade, aber ich will auch nicht verschweigen, dass es glücklicherweise auch sehr viele kluge Menschen gibt, die – zumindest in Teilbereichen – eine Meinung vertreten, die der Meinen sehr nahe kommt oder – bei besonders großen Genies – sogar deckungsgleich ist.
(In anderen Bereichen liegen sie dann leider wieder falsch.)

Sicher, andere Menschen haben es natürlich schwerer als ich, zur richtigen (meiner) Meinung zu finden, da sie ein anderes Leben als ich geführt haben, vielleicht in einem anderem Land aufgewachsen sind, andere Erziehung genossen, andere Bücher gelesen und andere Menschen kennengelernt haben, als ich. Ohne Frage sind das alles ernstzunehmende Hindernisse. Dass sich der Weg zur richtigen Meinung für mich so zwanglos einfach und geradezu wie von selbst ergab, ist ein großes Glück, das will ich gar nicht bestreiten. Trotzdem sollten die Leute ihre sinnlos gegangen Irrwege nicht als bequeme Ausrede benutzen, um nicht einmal zu versuchen, der richtigen Meinung entgegenzustreben.
Ich will ja auch gar nicht verlangen, dass alle Menschen alles selbst durchdenken – viele Menschen sind dazu einfach zu dumm – und es ist ja auch – das will ich gerne zugeben – sehr sehr schwierig, zur richtigen Einsicht zu gelangen, denn, wenn diese auch nur im kleinsten Detail – mag es noch so unbedeutend erscheinen – von meiner Meinung abweicht, ist sie schon nicht mehr hundertprozentig korrekt.

Aber ist es wirklich zuviel verlangt, wenn man solche Menschen bittet, sich dann zumindest meiner fundierten Meinung anzuschließen? Selbst, wenn es ihnen an geistiger Kapazität fehlt, diese in allen Details nachvollziehen zu können. Wenn sich jemand operieren lässt, vertraut er ja auch dem Chirurgen, der ja schließlich ein Experte ist, und lässt diesen machen.

Wie unfassbar borniert muss ein Mensch sein, der sich einer überlegenen Einsicht verweigert, obwohl sie ihm doch auf dem Silbertablett – fix und fertig durchdacht, oder einfach intuitiv erspürt – serviert wird? Und ich spreche hier nicht von Einzelfällen. Es passiert fast täglich. Immer und immer wieder.

Es wäre zum Lachen, wenn es nicht so wahnsinnig traurig wäre.

Kenner meines Romans „Mein Meisterwerk" werden vielleicht auch bei dieser Geschichte zu recht argwöhnen, dass es sich um eine umgearbeitete Version eines Kapitels des dann doch nicht geschriebenen zweiten Bandes handelt.

Der beliebteste Bürger des Landes

„Nennt mich nicht Ismael!", schrie Gonzales zu den zwei halbwüchsigen Strolchen hinüber, die ihn bereits zum dritten Mal in dieser Woche mit lauten „Ismael, Ismael!"-Rufen aus seiner Gartenliege empor schrecken ließen. Doch statt wegzulaufen schleuderte die beiden ihm ein weiteres „Ismael, Ismael!" entgegen und so begannen die schicksalhaften Ereignisse, von denen hier nun die Rede sein soll.

An dieser Stelle wollen wir jedoch zunächst kurz innehalten und einen Blick auf besagten Gonzales werfen.

Dieser war nämlich nicht irgendwer, sondern kein Geringerer, als der beliebteste Bürger des ganzen Landes. Früher einmal war er der Staatspräsident gewesen und sogar dreimal wiedergewählt worden. Dass er als Präsident besonders segensreich gewirkt hatte, konnte man zwar nicht behaupten, aber auf der anderen Seite hatte er auch keinen allzu spektakulären Mist gebaut. Nur den üblichen. Natürlich hatte ihn die Opposition seinerseits scharf kritisiert, wie es nun mal ihre Aufgabe ist und am Schluss hatten seine eigenen Parteifreunde eine Intrige gegen ihn gesponnen — wie es nun mal die Aufgabe von Parteifreunden ist – und ihn gestürzt. Alle waren froh, dass er endlich weg war. Für Gonzales war eine harte Zeit angebrochen, er hatte nichts mit sich anzufangen gewusst und bald waren auch seine sämtlichen Ersparnisse aufgebraucht gewesen. (Ersparnisse ist vielleicht das

falsche Wort. Gonzales hatte nie gespart, sondern das Geld immer mit vollen Händen ausgegeben. Mit Ersparnissen sind also die Gelder gemeint, die Gonzales nicht geschafft hatte, zu verjubeln.)

Er verfiel in tiefe Verzweiflung und wollte sich das Leben nehmen, unterließ es dann aber doch lieber. Zunächst wurde es ruhig um Gonzales. Nach und nach jedoch war seine Beliebtheit gewachsen. Schon einfach deswegen, weil er seit Jahrzehnten in der Öffentlichkeit stand und immer noch gern gesehener Gast im Fernsehen war, wo er in Interviews über Gott und die Welt philosophierte, sämtliche amtierenden Politiker als töricht bezeichnete und dann mahnend den Zeigefinger erhob, um vor nationalen Alleingängen zu warnen, die angesichts internationaler Dependenzen unverantwortlich seien. Das Volk liebte diese Sendungen und war sich einig, dass jemand, der einen Begriff wie internationale Dependenzen verwendete, mit der Weisheit des Konfuzius gesegnet sein müsse - freilich in Unkenntnis der Tatsache, dass dieser Begriff das einzige war, was Gonzales aus seinem einen Semester Politikstudium behalten hatte. (Und das war schon vergleichsweise viel; aus seinem fünfsemestrigen Biologiestudium war ihm nur der Begriff Zitronensäurezyklus im Gedächtnis geblieben und der ließ sich in politischen Interviews so gut wie nie unterbringen.)

Es ist durchaus nicht übertrieben zu sagen, dass Gonzales der Hybris anheimgefallen war. Er hielt sich für etwas Besseres und wähnte sich klüger und bedeutender als die übrigen Menschen. Gut, wer tut das nicht? Aber Gonzales sagte dies auch rundheraus, wenn man ihn fragte. Und auch, wenn man ihn nicht fragte, was ja viel häufiger vorkam, brachte er nur allzu gern das Thema darauf.

Aber – dies soll nicht verschwiegen werden – man ließ es ihm ja auch durchgehen. Ja, man akzeptierte es voll und ganz, dachten doch die meisten Bürger des Landes ebenfalls so über ihn. Gonzales hier und

Gonzales da. So ging es nun schon seit vielen Jahren und es wäre jedermann recht gewesen, wenn es ewig so weiter gegangen wäre.
Aber das tat es nicht. Eines Tages, an einem sonnigen Mittwoch trat eine Veränderung ein. Warum sie eintrat, ob es von der Vorsehung vom Anfang der Zeit an so bestimmt war, ob es sich um eine logische Entwicklung handelte, die sich zwingend aus den bisherigen Ereignissen ergeben musste, oder, ob es einfach nur Zufall war, das vermochte niemand zu sagen. Ja, niemand bemerkte zunächst auch nur, dass eine Veränderung stattgefunden hatte. Alles schien wie immer. Das Land, in dem man lebte, war das schönste Land der Welt und die zahlreichen Gonzalesdenkmäler, die von den dankbaren Bürgern überall im Land errichtet worden waren, erfreuten das Auge der Betrachter. Gleichwohl war es dieses unbedeutende Ereignis, das diejenigen, welche die Vorkommnisse sehr viel später zu rekonstruieren versuchten, als das nämliche ausmachten, dass die Dinge in Gang gesetzt hatte. Erst nur ein wenig, unmerklich fast, dann aber mehr und mehr, gleich einer Lawine, die damit beginnt, dass ein paar Kiesel den Berg herunterkullern, dann aber den Anstoß für größere Steine geben, diese wiederum für noch größere, bis schließlich der ganze Hang unaufhaltsam ins Rutschen gerät und mit einer urgewaltigen Macht alles in die Tiefe reißt, was er zu fassen kriegt.

„Ismael, Ismael!“, schallte es erneut zu Gonzales hinüber, begleitet von der dummdreistesten Grimassenschneiderei, die man sich nur vorstellen konnte. Gonzales war außer sich.
Nicht, dass er etwas gegen speziell den Namen Ismael gehabt hätte, er kannte überhaupt niemanden, der so hieß und auch die beiden flegelhaften Jungs dachten dabei nicht an eine bestimmte Person. Der ältere der beiden hatte nur kürzlich im Schaufenster eines Reisebüros eine Werbung für Reisen nach Israel gesehen und auf Grund seiner

Lese- und Rechtschreibschwäche falsch entziffert. Er fand das Wort einfach lustig und nun rief er es bei jeder Gelegenheit. Und sein jüngerer Bruder, der zwar keine Lese- und Rechtschreibschwäche hatte, seinen zwei Jahre älteren Bruder aber für den Allergrößten hielt, fiel natürlich nichts Besseres ein, als da mitzumachen. Bald hatten sie herausgefunden, dass es am Lustigsten war, wenn sie es am Gartenzaun des Grundstücks am Ende der Straße riefen, während der Besitzer des Hauses im Garten ein Mittagsschläfchen hielt.

Was die beiden Jungen indes nicht herausgefunden hatten, war wen sie da piesackten. Ach, hätten sie es doch getan, ihr Leben wäre anders verlaufen.

So aber dauerte es nicht lange, bis die Anwohner der Gonzales-Allee (man hatte es sich nicht nehmen lassen, die Allee nach dem berühmtesten Bürger des Landes zu benennen) Wind von der Sache bekamen. Wie ein Lauffeuer, verbreitete sich die Nachricht und es dauerte gar nicht lange, bis die erbosten Anwohner des Gonzales-Viertels (man hatte es sich nicht nehmen lassen, dieses Stadtviertel nach dem beliebtesten Bürger des Landes zu benennen) fast geschlossen (zwei hatten ihr Nichterscheinen mit einem ärztlichen Attest entschuldigt und Pedro Hernandez war ein stadtbekannter Miesepeter, der prinzipiell nie bei irgendwas mitmachte) vor dem Mietshaus am Gonzales-Platz (man hatte es sich nicht nehmen lassen, diesen Platz nach dem respektiertesten Bürger des Landes zu benennen) auftauchten, wo die beiden Kinder mit ihren Eltern wohnten. Die Empörung der Bürger war beispiellos. So konnte man mit dem größten Präsidenten aller Zeiten nicht umspringen. Man redete den Kindern und auch den Eltern eindringlich ins Gewissen und diese erwiesen sich als einsichtig und schworen beim heiligen Gonzales (ein neu eingeführter Heiliger, der sich bei den Gläubigen außerordentlicher Beliebtheit erfreute) so etwas nie wieder zu tun.

Man war's zufrieden, aber um ganz sicher zu gehen, wurde das Haus der Familie präventiv niedergebrannt, die Eltern von ihren Arbeitsstellen und die Jungs aus ihrer Schule entfernt, sowie das Jugendamt eingeschaltet, respektive niedergebrannt. Um jegliches Restrisiko auszuschalten, kam man überein, auch das Reisebüro, das mit seiner fahrlässigen Israelwerbung alles erst ins Rollen gebracht hatte, in Brand zu setzen. Desgleichen einige andere Reisebüros, die zwar nicht für eine Israelreise geworben hatten, dies aber natürlich jederzeit tun konnten und last but not least ließ man auch noch einige Bäckereien und Friseursalons in Flammen aufgehen. Wozu Letzteres nötig gewesen war, vermochte im Nachhinein niemand mehr so recht zu sagen, aber dass es dafür einen guten Grund gegeben haben mochte, hielten viele für nicht gänzlich ausgeschlossen.
Ja, man konnte mit Fug und Recht sagen, Gonzales war der beliebteste Bürger seines Landes. Wer ihm nicht den schuldigen Respekt erwies oder gar versuchte, ihm Schaden zuzufügen, der wurde von einer wütenden Menschenmenge umgehend gonzalesiert. (Dieses Wort hatte man erfunden, weil das Wort Lynchen so einen negativen Beigeschmack hatte und es, gemessen an dem, was beim Gonzalesieren stattfand, auch einfach viel zu schwach war.)
Gonzales empfand bei alldem - auch das soll nicht verschwiegen werden - durchaus eine gewisse klammheimliche Genugtuung, was er auch seiner Frau mitteilte, die ihm jedoch beschied, dass er sich schämen solle. Schämen? Er?? Gonzales??? – In seinem ganzen Leben hatte er sich – wie alle Politiker – noch nie wegen irgendetwas geschämt, aber nun wurde es auf einmal von ihm verlangt, das war sehr verwirrend.
Gonzales spürte instinktiv, dass er in seinem Leben an einen Punkt gekommen war, der nach innerer Einkehr verlangte. Nun ist es mit der inneren Einkehr genau wie mit dem Ohrenwackeln. Manchem wurde

dieses Talent in die Wiege gelegt und andere wissen gar nicht, wo sie da ansetzen sollen. So wie der des Ohrenwackelns Unkundige verkrampft das Gesicht verrenkt, die Augenbrauen hochzieht, mal das eine, mal das andere Auge zukneift und die Nase krümmt, ohne dass sich seine Ohren auch nur um ein Jota bewegen, so strengt sich auch ein der inneren Einkehr Unkundiger völlig sinnlos an. Er denkt kreuz und quer irgendwelche Gedanken, aber sie führen nirgendwo hin und am Ende ist er verwirrter als vorher.

So erging es auch Gonzales. Er dachte nach so doll er nur konnte, aber ihm fiel nur unbrauchbarer Kokolores ein.

Ein Rezept für Marmorkuchen (den er angesichts seiner notorischen Trockenheit nicht mochte) und eine Erinnerung, wie er sich als zwanzigjähriger einmal versehentlich auf eine frisch gestrichene Parkbank gesetzt hatte, waren noch das Beste. Letztlich kam ihm nur immer wieder zu Bewusstsein, dass er es auf den Tod nicht leiden konnte, wenn man sich über ihn lustig machte. Ganz und gar nicht konnte er das leiden. An dieser Stelle muss auf ein Problem eingegangen werden, von dem niemand so stark betroffen ist, wie die Gruppe der Staatspräsidenten. Sie verstehen keinen Spaß. Nicht weil sie zu dumm wären, sondern weil sie während ihrer ganzen Amtszeit, also oft über viele Jahre, keinem ausgesetzt sind. Die Hofschranzen und Speichellecker, die sie umgeben, erlauben es sich allenfalls mal, respektvoll auf etwas hinzuweisen, aber mit el Presidente ein Späßchen zu machen, nein, das wagt niemand. Und wenn doch, dann so gut versteckt, dass nur der Urheber selbst es versteht. Die Folge ist, dass nach der alten Regel „use it or loose it“ mit der Zeit die Späßchenrezeptoren von Spitzenpolitikern völlig verkümmern und sie alles was nur entfernt in diese Richtung geht, gleich für Hochverrat halten.

In Fernsehen gab er sich angesichts des Vorfalls zwar nachdenklich betroffen, warnte aber auch vor einem nationalen Alleingang, was die Abschaffung des Rechts auf Lynchjustiz anging. Zwar war es eigentlich genau umgekehrt und die Lynchjustiz, war - mit Ausnahme von Texas - weltweit verboten, aber das fiel niemandem auf, denn er fügte noch mit mahnend erhobenem Zeigefinger hinzu, dass so einen nationalen Alleingang schon die internationalen Dependenzen nicht zulassen würden.

Ja, das eine Semester Politikstudium hatte sich wahrlich gelohnt.

Lizenz zum Töten

Von meinem letzten Einkauf im Internet bin ich richtig begeistert. Ja ich weiß, da gibt es unheimlich viel Schrott und Betrug, aber eben manchmal auch richtige Perlen. Und auf Amazon Russland hab ich jetzt so einen Glückstreffer gelandet und bin jetzt stolzer Besitzer einer Lizenz zum Töten. Genau so ein Teil, wie James Bond hat. Und das Ding ist einfach großartig.

Ich gebe zu: Zuerst war ich skeptisch, aber inzwischen hab ich's mehrfach ausprobiert, und ich muss sagen: einwandfrei! Ich möchte meine Lizenz zum Töten nicht mehr missen in meinem Leben. Was habe ich mich früher immer rumgeärgert. Zum Beispiel über diese Blödmänner, die in der Postfiliale vor mir in der Schlange stehen, und die, wenn sie dann endlich dran sind, einfach nicht zu Potte kommen mit ihrem Kram, oder auch über Frauen, die mich nicht beachten, oder kreischende Babys... Irgendwas ist ja immer, aber das ist jetzt alles kein Problem mehr mit meiner Lizenz zum Töten. Es ist einfach ein ganz anderes Leben so. Was war ich früher immer nervös und verspannt. Und ich hab ja alles probiert: Yoga, Autogenes Training, Buddhistische Meditation, was ja auch alles sehr gut ist, aber eben innerhalb seiner Grenzen. Kein Vergleich zur Lizenz zum Töten. Seit ich die regelmäßig nutze, ist es für mich so eine andere Lebensqualität, ich weiß eigentlich gar nicht mehr, wie ich jemals ohne leben konnte.

Allerdings, bevor jetzt Missverständnisse aufkommen: Was nicht geht, ist, dass man einfach jeden tötet, der einem vor die Augen kommt. Nein, verantwortungsvoller Umgang ist gefragt. Getötet werden ausschließlich Menschen, die – im weitesten Sinne – irgendwie stören – oder zumindest vielleicht irgendwann mal stören könnten. Letzteres ist übrigens ein weiterer Vorteil der Lizenz zum Töten: Man muss nicht

warten, bis es zu spät ist, die Lizenz ist prophylaktisch einsetzbar. So dass es eben erst gar nicht so weit kommt, dass man sich ärgern muss. Dafür gibt's von mir bei Amazon die Höchstbewertung: Fünf Sterne!

*** * * * ***

Nachruf auf Robert Hardenberger

Robert (Bobo) Hardenberger ist tot. Er starb im Alter von vier Monaten an einer Lungenentzündung.

Wer war dieser Mensch, der in der breiten Öffentlichkeit so gut wie unbekannt war und doch (zumindest nach Einschätzung seiner Eltern) zu den bedeutendsten Persönlichkeiten seiner Generation gerechnet werden muss?
Er war kein Staatsmann, kein Schriftsteller und kein Philosoph, und beileibe kein Wohltäter der Menschheit. Sein hinterlassenes Oeuvre ist eher schmal, aber er hatte den Mut, das zu sein, was wir alle insgeheim gerne sein möchten: Ein hundertprozentiger Individualist, der fern von gesellschaftlichen Konventionen sich jeglicher Regelhaftigkeit entzog und den Traum von der absoluten Freiheit tatsächlich lebte. Man kann über Hardenberger denken, wie man will, aber niemand kann bestreiten, dass er sich zeitlebens niemals angepasst hat.
Zwar bis zum Schluss interessiert an allem, was um ihn herum vorging, hat er sich doch zu keiner Zeit von irgendeiner Gruppe vereinnahmen lassen. Politisch hat er sich nie engagiert. Er war niemals Mitglied einer Partei und begegnete den gesellschaftlichen Problemen seiner Zeit mit Gleichgültigkeit. Mit Begriffen wie links oder rechts hat er nie etwas anfangen können. So nimmt es nicht Wunder, dass Hardenberger völlig selbstverständlich sowohl mit seiner linksalternativ eingestellten Mutter als auch mit seinem, eher dem neokonservativen Lager zuneigendem, Vater unter einem Dach wohnte. Hardenberger konnte (oder wollte) darin keinen Widerspruch erkennen, oder es war ihm schlicht nicht wichtig. Entscheidend war für ihn ohnehin meistens nur, wer ihm wie von Nutzen sein konnte. Übereinstimmend wird Hardenberger von allen, die ihn kannten, als

überaus schwieriger Mensch beschrieben. Nicht wenige sahen in ihm gar einen neuen Hitler. Und in der Tat sind die Parallelen erschreckend: Gewohnt seinen Willen durchzusetzen, reagierte er mit tyrannischen Wutausbrüchen, wenn nicht alles exakt nach seinen Vorstellungen ablief. Aus seiner Sicht drehte sich die ganze Welt nur um ihn. So hatte Hardenberger – wie auch Hitler – exzentrische Schlafenszeiten und erwartete, dass sich seine Umgebung ihnen klaglos anzupassen hätte. Auf die Nöte und Sorgen anderer Menschen reagierte er mit Zorn und Mitleidlosigkeit. Wie Hitler sah sich Hardenberger in erster Linie als Künstler. Aber auch hier ließ er sich nie festlegen und in keine Schublade stecken. Manche hielten ihn für einen begnadeten Dadaisten und schwärmen von seinem stundenlangem sinnlosen Gebrabbel, andere wiederum halten seine musikalische Arbeit mit der Rassel für sein eigentliches Hauptwerk und meinen in ihm den wahren Erben von Freejazz-Idol John Coltrane ausgemacht zu haben, während wieder andere es vorziehen, ihn in der Tradition von Künstlern wie Jackson Pollock oder Joseph Beuys zu sehen und auf eine ganze Serie Hardenbergerscher Kunstwerke verweisen, die in der Technik „Alete auf Strampelanzug" entstanden sind. Es bleibt kommenden Generationen überlassen, ein abschließendes Urteil über das künstlerisches Wirken dieses Universalgenies zu fällen, welches mit so großer Leichtigkeit zwischen den verschiedenen Kunstgattungen hin und her sprang und so die vermeintlichen Grenzen zwischen ihnen ad absurdum führte. Er selbst hätte auf ein solches Urteil ohnehin keinen Wert gelegt. Anerkennung für seine Werke, Ehrungen und Preise oder das große Geld waren ihm zeitlebens gleichgültig und sich auf seinen Erfolgen auszuruhen, wäre ihm nie in den Sinn gekommen. Geradezu manisch in seinem Schaffensdrang vollendete er Werk um Werk.

Hardenberger lebte zuletzt zurückgezogen. Abgesehen von seinen Eltern hatte er keine Freunde. Robert Hardenberger starb gestern in St. Moritz. Er hinterlässt vier Großeltern, zwei Eltern und eine Babysitterin.

TEIL II – DRAMATIK

Polizei!

Eine elegante Frau betritt unsicher ein Büro im Polizeirevier.

FRAU

Guten Tag, Entschuldigung, bin ich hier richtig? Ihr Kollege vorne sagte, dass ich hier meine Anzeige zu Protokoll geben kann.

POLIZISTIN

Sehr freundlich und fürsorglich:

Ja, das ist völlig richtig. Kommen Sie doch bitte rein. - Nehmen Sie Platz.

FRAU

Sie ist noch etwas verstört. Sie zeigt auf einen der beiden Stühle. Hier?

POLIZISTIN

Ja, wenn Sie möchten. Oder auf den... *Sie deutet auf den anderen Stuhl.* **...wenn Sie lieber dort sitzen wollen. Ganz, wie sie möchten. Hier geht es ja schließlich um sie. SIE müssen sich wohlfühlen.**

FRAU

Setzt sich. Danke. Also, das war so...

POLIZISTIN

Unterbricht freundlich:

Entschuldigung: Einen Tee vielleicht?

FRAU

Was? Oh ja, danke. Also, ich...

POLIZISTIN

Darjeeling oder Hagebutte?

FRAU

Äh...

POLIZISTIN

Oder möchten Sie lieber einen Kaffee?

FRAU

Nein, nein. Darjeeling ist gut. Ich möchte Ihnen auch keine Umstände machen.

POLIZISTIN

Das sind keine Umstände. Dafür sind wir da. Also, was darf's sein?

FRAU

Darjeeling wäre schön.

POLIZISTIN

Kommt sofort. ***Gießt Tee ein, gibt ihn ihr.*** **Vorsicht heiß.**

Pustet ein paar Mal auf den Tee. **Also:**

Hockt sich vor die Frau und legt ihr tröstend die Hand auf den Arm.

Ich habe Sie unterbrochen. Was ist denn passiert?

FRAU

Unsicher:

Ja - also, ich bin heute Morgen mit dem Bus unterwegs gewesen...

POLIZISTIN

Verständnisvoll: **Verstehe, und dann?**

FRAU

Ich bin am Rathaus ausgestiegen...

POLZISTIN

Mitfühlend:

Ja...

FRAU

...und da war so ein Gedränge...

POLIZISTIN

Oh, ja, das kenne ich. Das ist ganz schlimm da.

FRAU

...und plötzlich ist von hinten ein junger Mann gekommen und hat mir meine Handtasche weggerissen...

POLIZISTIN

Schreit entsetzt auf. Aufgeregt:

Oh, mein Gott, das ist ja furchtbar. Etwa mit all Ihren Sachen drin?

FRAU

Ja...

POLIZISTIN

Entsetzt:

Geld, Papiere, Kreditkarten, Smartphone, Schlüssel?!

FRAU

Nickt. **Hmhm.**

POLIZISTIN

Hysterisch: **Alles weg?**

FRAU

Ja.

POLIZISTIN

Oh mein Gott, mein Gott, das ist ja furchtbar!

Sie fängt an zu weinen.

In was für einer Welt leben wir eigentlich? Das ist ja so gemein. So wahnsinnig gemein. – Entschuldigen Sie bitte... *Sie läuft weinend raus.*

Die Frau bleibt irritiert zurück.

Nach kurzer Zeit betritt ein Polizist das Büro.

POLIZIST 1

Sehr gut gelaunt:

Hallöchen, meine Kollegin braucht mal ne kleine Auszeit.

Mit tiefer Stimme: **Ich übernehme den Fall.**

Wieder mit normaler Stimme: **Also, wer ist ermordet worden?**

FRAU

Irritiert: **Ermordet? Niemand.**

POLIZIST 1

Enttäuscht: **Oh.**

FRAU

Also, ich hab's schon Ihrer Kollegin berichtet: Ich fahre heute Morgen mit dem Bus zur Arbeit und...

POLIZIST 1

Anzüglich:

Ah, zur „Arbeit". So kann man's natürlich auch nennen, knickknack.

Er blinzelt ihr verschwörerisch zu.

FRAU

***Irritiert:* Äh, ja, und als ich aussteige, kommt plötzlich ein junger Mann von hinten...**

POLIZIST 1

***Amüsiert:* Von hinten. Olalaaa.**

FRAU

...ja, und reißt mir die Handtasche weg...

POLIZIST 1

Bricht in schallendes Gelächter aus.

Das ist gut! - Okay, und weiter?

FRAU

Er ist dann weggerannt und hat dabei noch eine alte Dame umgestoßen...

POLIZIST 1

Heftig lachend:

Das wird ja immer besser! Haut voll die Alte um, herrlich!

FRAU

...die sich den Arm gebrochen hat, und...

POLIZIST 1

Bricht endgültig vor Lachen mit dem Stuhl zusammen.

Okay Danke, das reicht, den Arm gebrochen…

Er kriecht von Lachen geschüttelt aus dem Büro.

Man hört sein Lachen langsam in der Ferne verschwinden. Nach einem kurzen Moment reißt ein zweiter Polizist die Tür auf. Er ist ein vierschrötiger Choleriker mit Schulterhalfter, der äußerst furchterregend wirkt.

POLIZIST 2

Wütend:

Okay, Baby, jetzt ist Schluss mit den Spielchen!

Er fegt einen ihn im Wege stehenden Stuhl zur Seite. Der Stuhl fliegt an die Wand und zerbricht.

FRAU

Erschrocken:

Was?

POLIZIST 2

Jetzt reden wir mal Klartext. Wenn Du glaubst, Du kannst uns hier verscheißern, dann hast Du Dich aber böse geschnitten, Baby!

FRAU

Was soll das? Wovon reden Sie?

POLIZIST 2

Beugt sich bedrohlich über sie.

Jetzt hör mal zu Schätzchen, ich hab schon ganz andere als Dich zum Reden gebracht. Schon ganz andere!

FRAU

Verängstigt:

Hören Sie auf damit.

POLIZIST 2

Fühlt sich provoziert.

Was?! Was hast Du gesagt?!

FRAU

Kurz vorm Weinen: **Sie sollen aufhören...**

POLIZIST 2

Aufhören? Ihr Typen macht mich wirklich krank. Und jetzt wirst Du auspacken, Schätzchen.

Er packt sie am Kragen und holt mit der Faust aus.

Also mach das Maul auf, bevor ich es aus Dir rausprügele!

FRAU

Schubst ihn weinend weg.

Lassen Sie mich in Ruhe.

POLIZIST 2

Obwohl es nur ein ganz leichter, ungeschickter Stoß war, stürzt er dramatisch zu Boden.

Okay Das war's. Du willst es ja nicht anders!

Er nimmt einen Stuhl und stürzt sich damit ausholend auf die Frau.

FRAU

Hebt mit angstverzerrtem Gesicht die Arme. Panisch:

Ich gestehe! Ich war's!

POLIZIST 2

Stolz zur Kamera:

Null Toleranz! Ein Konzept Ihrer Landespolizei Sachsen-Anhalt.

Postalisches Drama

Eine luxuriöse Wohnung. Eine Frau ist gerade dabei, die Schleife auf einem sehr großen Geschenkpaket anzubringen. Sie nimmt das Paket in beide Hände und begutachtet Ihr Werk. Es klingelt. Sie läuft mit dem Paket zur Tür.

FRAU

Ja, bitte?

LIEBHABER

Draußen vor der Tür:

Ich bin's.

FRAU

Erschrocken und erfreut zugleich: **Bist Du wahnsinnig. Mein Mann ist nur ganz kurz was besorgen gegangen. Er kann jeden Moment wieder…**

LIEBHABER

Lass mich rein. Ich muss Dich einfach sehen. Und wenn's nur eine Minute ist.

FRAU

Na gut, eine Minute.

Sie öffnet die Tür.

Der Liebhaber betritt die Wohnung. Er trägt einen extrem großen, schweren Karton, über den er nicht herübergucken kann.

LIEBHABER

Danke. Ich bin gerade auf dem Weg zur Post. Als ich an Deinem Haus vorbeiging hat's mich gepackt: Ich musste Dich einfach sehen.

FRAU

Ach Paco, Du bist so süß.

Sie versuchen, sich zu küssen und anzufassen, was aber wegen der Pakete, nur sehr unzureichend und unter großen Anstrengungen gelingt. Schließlich reiben sie wollüstig ihre Kartons aneinander. Es klingelt. Beide zucken zusammen.

FRAU

Oh, nein, mein Mann. Wenn er Dich hier findet, schlägt er Dich zu Brei.

LIEBHABER

Oh Gott, ist er so stark?

FRAU

Stark? Er hat riesige Muskelpakete. Schnell, versteck Dich irgendwo!

LIEBHABER

Wo denn?!

Er läuft verzweifelt aber erfolglos umher, um ein Versteck zu finden. Er kniet sich hinter sein Paket, ohne es loszulassen, ist aber immer noch zu sehen.

FRAU

Man sieht Dich noch!

Sie stellt ihr Paket auf das seine. Er ist nicht mehr zu sehen.

LIEBHABER

Vor Anstrengung stöhnend: **Ja, viel besser so.**

FRAU

Ich komme! *Eilt zur Tür und öffnet sie.*

PAKETBOTE

Ein Paket für Sie.

Er bleibt draußen stehen. Wir sehen nur seine Arme, als er der Frau ein sehr großes Paket reicht.

FRAU

Danke sehr. *Sie nimmt es und schließt die Tür mit dem Fuß.* **Puuh!**

LIEBHABER

Richtet sich mit beiden Paketen auf. Seine Stimme ist gepresst vor Anstrengung.

Uff, ich glaube, ich war noch nie im Leben so erleichtert.

FRAU

Mit dem Paket: **Herrjeh, mein Herz. Ich nähere mich jetzt dem Alter, in dem man solche Belastungen nur noch schwer erträgt.**

LIEBHABER

Nun tu doch nicht so, als ob Du schon eine alte Schachtel wärst. Das einzige, was Dich belastet, ist Dein Mann. Du solltest Dich von ihm trennen.

FRAU

Ach, naja, wir haben alle unser Päckchen zu tragen. Und mein Mann ist eigentlich schwer in Ordnung.

LIEBHABER

Jetzt mach's ihm aber nicht zu leicht. Es gibt gewichtige Gründe...

EHEMANN

***Kommt mit einem riesigen Fernseherkarton herein.* Überraschung! Die haben den Fernseher umgetauscht, nachdem ich mich mal richtig beschwert habe.**

***Er entdeckt den Liebhaber.* Was ist hier los?**

FRAU

Oh, Schatz, das ist nur der Paketbote. Er wollte gerade gehen...

EHEMANN

Was?!

FRAU

Bist Du schwerhörig? Der Paketbote.

EHEMANN

Der Paketbote?! Das lässt sich leicht feststellen: Wie lautet die Postleitzahl von Schwerte?!

LIEBHABER

Äh...äh...

Er macht einen Fluchtversuch.

EHEMANN

Ha, ich wusste es. Wenn ich Dich zu packen kriege. Ich bring Dich um!

Er jagt ihn durch die Wohnung. Sie prügeln sich, so gut es mit den Paketen geht.

FRAU

Genervt zu sich selbst:

Das passiert, wenn Postbeamte Sketche schreiben.

Terrorismus für Anfänger

Ein Klassenraum in der Volkshochschule.

DOZENTIN

Ende vierzig, Ökotyp mit Birkenstocksandalen, humorlos.

Also noch mal für alle: Der Kurs „Tourismus für Anfänger“ findet nebenan im Raum 16 statt. Dies ist der Kurs „Terrorismus für Anfänger“. Wer daran kein Interesse hat, geht jetzt bitte.

Etwa die Hälfte der Schüler steht auf und verlässt den Raum. Zurück bleiben, wie man jetzt erst sieht, nur Schüler zwischen dreißig und fünfundvierzig, unterschiedlicher Nationalität, die alle äußerst gefährlich und aggressiv aussehen. Narben, Augenklappen, unrasiert u.a.m. Sie sind alle schwer bewaffnet. Der Unterricht verläuft aber äußerst diszipliniert. Wer etwas sagen will, meldet sich brav.

DOZENTIN

***Gelangweilt:* So, wir kommen jetzt noch einmal auf unser aller „Lieblingsthema“ zurück:**

Unterdrücktes Nölen einiger Schüler

DOZENTIN

Der Einsatz Thermonuklearer Waffen mittels elektronischer Zeitzündung... Ja, da brauchen Sie gar nicht zu stöhnen, mir ist das doch egal: ICH muss ja nächste Woche keine Zwischenprüfung machen. Also: Die Detonation. Die größtmögliche Schadenswirkung erreichen wir, indem wir...? Ja?

TERRORIST 1

Ein Streber. Er sieht aus wie Dr. Evil aus „Austin Powers“

Indem wir die Bombe im Zentrum einer Großstadt zünden.

Er lacht teuflisch.

DOZENTIN

Sehr schön. Weitere Möglichkeiten. Du!

TERRORIST 2

Erschrocken, dass er aufgerufen wurde:

...äh, äh, eine besonders große Bombe nehmen?

DOZENTIN

Ja, warum nicht?

Terrorist 3 meldet sich.

DOZENTIN

Ja, bitte?

TERRORIST 3

Also ich kapier' das immer noch nicht: Wen wollen wir umbringen? Und was bringt das eigentlich?

Der Spott der Klasse bricht über ihn herein:

Idiot/ Oh, Mann/ Blödi...

Terrorist 1 wirft ihm eine Papierkugel an den Kopf.

DOZENTIN

Zu Terrorist 1:

Das hab' ich gesehen. Ist das die Art, wie wir hier miteinander umgehen wollen?! Papierkügelchen werfen? Ich glaube nicht!

TERRORIST 1

Schämt sich.

Tschuldigung.

DOZENTIN

Wer kann die Frage beantworten?

Wen wollen wir umbringen? Ja?

TERRORIST 4

Die Kapitalistenschweine!

DOZENTIN

Ja, etwas sehr allgemein, aber kann man gelten lassen. Wen noch?

TERRORIST 2

Die Griechen!

DOZENTIN

Ja, warum nicht, weiter.

TERRORIST 4

Die Amerikaner!

DOZENTIN

Guten Morgen: Kapitalistenschweine hatten wir schon genannt. Da sind die Amerikaner natürlich mit drin. Weiter.

TERRORIST 5

Franzosen!

DOZENTIN

Gut, wen noch?

TERRORIST 2

Die Eskimos!

DOZENTIN

Ja – wär' mal was Neues. Schöne Idee. Weiter!

TERRORIST 1

Die ungläubigen Katzen!

DOZENTIN

Verbessert: **Hunde. Die ungläubigen Hunde.**

TERRORIST 1

Was? ***Er sieht irritiert in sein Lehrbuch.***

Ach ja, genau: Hunde.

Er notiert es.

DOZENTIN

Gut, und warum wollen wir das?

TERRORIST 4

Damit äh, damit ...

TERRORIST 5

Brüllt vorlaut: **...damit die tot sind.**

DOZENTIN

Nicht dazwischenrufen, wenn ich bitten darf!

TERRORIST 4

Fanatisch: **Damit sie wissen, dass wir da sind!**

DOZENTIN

Fast richtig: Nicht, dass wir „da" sind, sondern dass wir...na?

TERRORIST 2

...dass wir da-gegen sind!

DOZENTIN

Exakt. Wir sind dagegen. Absolut. Bis zum letzten Atemzug!

TERRORIST 3

Und wogegen genau sind wir?

DOZENTIN

Das kommt nächstes Semester. Weitere Fragen?

Ein achtköpfiges militärisches Sondereinsatzkommando bricht durch Türen und Fenster. Blendgranaten explodieren. Riesenaufruhr. Man hört Durchladegeräusche und Befehle.

SONDEREINSATZKOMMANDO

Alle auf den Boden! Sofort! Keiner bewegt sich! usw.

DOZENTIN

***Genervt:* Wie oft denn noch? Dies ist der Kurs für Terrorismus. Tourismus ist nebenan.**

OFFIZIER (Ein Spanier mit Akzent)

Verstehe! *Mehr zu sich:* Diese verfluchten Touristen! Machen sich auf unseren Stränden breit. Irgendwann kriegen wir sie alle.

Das Kommando stürmt mit großem Lärm aus dem Zimmer. Einen Moment später hört man sie, ins Nachbarzimmer eindringen und eine große Schießerei, Explosionen und Schreie, dann Stille.

DOZENTIN

Ja, dann machen wir mal für heute Schluss. Beachten Sie bitte nächste Woche das Workshop-Angebot und besonders unseren Schnupperkurs „Fanatismus leicht gemacht“. Bitte bequeme Wollsocken und eine Boden-Luft-Rakete mitbringen.

In Flagranti

Ein Mann und eine Frau sitzen weit voneinander entfernt auf einem Sofa und unterhalten sich. Er hat ein Buch in der Hand.

MANN

Eine interessante These, hat aber andererseits Nietzsche in „Jenseits von Gut und Böse“ nicht eine ganz gegenteilige Auffassung vertreten?

EHEFRAU

Nein, nicht Nietzsche, sondern Wittgenstein.

MANN

Ah, Wittgenstein, natürlich.

EHEMANN

Betritt das Zimmer, er prallt irritiert zurück.

Was ist hier los?

MANN (Unsicher)

Oh, hallo, Martin, Kumpel, ich...äh...

EHEFRAU (Ängstlich)

Oh, Schatz, hallo, ich, wir haben nur...

EHEMANN

***Fährt sie misstrauisch an.* Was?! Ihr habt was?!**

EHEFRAU

Es ist nicht so, wie es aussieht. Wir...

MANN

Ja genau wir...ich kam zufällig vorbei...und wir haben nur...

EHEMANN

Nur was?!

FRAU

...nur ein bisschen rumgemacht. Stimmts?

Geht zu dem Mann umarmt und küsst ihn heftig.

MANN

Äh, ja, genau. So wars.

Küsst sie ebenfalls, im Folgenden wird das Liebesspiel immer heftiger, wobei es immer nur dazu dient, den Ehemann zu überzeugen.

EHEMANN

Nur ein bisschen rumgemacht, hä? Für wie dumm haltet Ihr mich eigentlich. Und wie erklärt Ihr mir, dass ihr vollständig angezogen seid, hä?!

MANN

Ja, das ist nur, weil...

EHEFRAU

...uns so kalt war.

MANN

Genau.

Beide mimen frieren.

EHEMANN

Ach verstehe, und da muss man sich natürlich gleich mal dicke Jacken anziehen.

MANN

Und außerdem wollte ich gerade eben anfangen Deine Frau auszuziehen. Stimmts, Süße?

Zieht ihr die Jacke aus und wirft sie weg.

EHEFRAU

Ja, Liebling.

Zieht ihm auch die Jacke aus und wirft sie weg.

EHEMANN

Beruhigt:

Naja, gut, wenn das so ist, ich hatte halt den Eindruck, dass...

Entdeckt das Buch auf dem Sofa. **He Moment mal! Was ist denn das?**

EHEFRAU

Unschuldig:

Was denn?

EHEMANN

Das hier! Das ist ja wohl ein Buch, soviel ich weiß!

MANN

Äh, nein, das ist doch kein Buch, das ist...

EHEFRAU

Das ist nur so ein...

EHEMANN

Brüllt: Natürlich ist das ein Buch. Meint Ihr, ich bin von gestern? Ich erkenne ein Buch, wenn ich eins sehe. Und ich weiß auch genau, was man damit macht. Ja, da guckt Ihr, was? Das hättet Ihr mir wohl nicht zugetraut, hä? Ich hab schon Bücher benutzt, als Ihr noch gar nicht wusstet, dass es sowas gibt! Also, was macht das Buch hier?!

MANN

Äh...das ist nur...Pornographie.

EHEFRAU

Ja, total versaut.

EHEMANN

Total versaut?! Ach ja? Schopenhauer? Gesammelte Werke. Band 4? Das ist ja wohl ganz klar Philosophie!

MANN

Das ... gehört mir nicht.

EHEMANN

Wem dann? Dir etwa?!

EHEFRAU

Nein, nein, das... muss der Klempner, der heute Morgen hier war, verloren haben. Der kam mir gleich so komisch vor. Weißt Du nicht mehr, wie ich noch gesagt habe, wenn das mal nicht ein Intellektueller ist.

MANN

Ja, bei diesen Klempnern weiß man doch nie. Viele von diesen Typen haben sogar studiert.

EHEMANN

***Nachdenklich:* Jaja. Ich weiß, ich weiß.**

EHEFRAU

Du hast einfach eine kranke Phantasie.

MANN

Du bist einfach ein bisschen zu misstrauisch, Martin. Hier: Sieht das etwas nach Philosophie aus? Küsst sie heftig.

EHEMANN

***Sieht es sich kritisch an.* Nein, natürlich nicht. Hast ja recht. War dumm von mir. Entschuldigt bitte.**

EHEFRAU

***Während wildem Geknutsche, kaum verständlich:* Schon gut, Schatz.**

EHEMANN

Legt das Buch zurück.

Okay, dann lasst euch nicht stören. Wiedersehen Gerhard.

Gerhard schüttelt ihm die Hand, ohne mit dem Geknutsche aufzuhören.

EHEMANN

Verzeihung.

Er verlässt auf Zehenspitzen das Zimmer.

Im Arbeitsamt

BEAMTER

Der nächste bitte.

ARBEITSLOSER

Betritt das Büro. **Guten Tag.**

BEAMTER

Was kann ich für Sie tun?

ARBEITSLOSER

Ich suche eine Stelle.

BEAMTER

Gelangweilt:

Jaja. Ihren Personalausweis bitte.

ARBEITSLOSER

Reicht ihm den Ausweis.

Bitte sehr.

BEAMTER

Gut. Ich habe vermerkt, dass Sie sich zurückgemeldet haben. Sie erhalten weiter Arbeitslosengeld. In drei Monaten müssen Sie wieder persönlich vorsprechen.

ARBEITSLOSER

Reagiert nicht.

BEAMTER

Das war‘s, wiedersehen.

ARBEITSLOSER

Entschuldigung, ich suche eine Stelle.

BEAMTER

Ja, hab ich gehört. Sie müssen das nicht sagen. Sie kriegen Ihr Geld auch so.

ARBEITSLOSER

Nein, ich suche wirklich eine Arbeit.

BEAMTER

***Lacht irritiert. Pause.* Was?**

ARBEITSLOSER

Ich suche eine Stelle.

BEAMTER

Sie...suchen...

ARBEITSLOSER

Eine Arbeit. Ja.

BEAMTER

Überlegt kurz und lacht dann schallend.

Sehr gut! wirklich sehr gut. Das hätte ich Ihnen jetzt fast geglaubt. Ha! Wirklich gut. „Ich suche eine Stelle.“ Den muss ich mir merken. – Wiedersehen.

ARBEITSLOSER

Nein. Ich suche tatsächlich eine Arbeit.

BEAMTER

Na ist ja gut jetzt. Ich hab doch gelacht.

ARBEITSLOSER

Nein, ich suche ohne Witz tatsächlich eine Arbeit, verdammt!

BEAMTER

Oh. Verstehe. Und warum erzählen Sie mir das?

ARBEITSLOSER

Weil Sie vom Arbeitsamt sind.

BEAMTER

Und?

ARBEITSLOSER

Sie sollen mir eine Arbeit vermitteln.

BEAMTER

Warum?

ARBEITSLOSER

Weil das hier Ihre Aufgabe ist.

BEAMTER

Arrogant:

Sind Sie sicher, dass Sie da nicht was falsch verstanden haben?

ARBEITSLOSER

Ja, ich bin sicher. Ihre Aufgabe ist es, mir Arbeit zu vermitteln.

BEAMTER

***Seufzt.* Also. Dann will ich Ihnen mal die Bestimmungen zeigen.**

Er schlägt ein dickes Gesetzbuch auf.

Hier steht klipp und klar: „Aufgabe des Arbeitsamtes ist es..."

Liest murmelnd weiter.

Oh. Oh! Ach so! Also, wie's aussieht, könnten doch Sie recht haben. Bitte entschuldigen Sie, dass ich nicht gleich... aber so einen Fall hatten wir bisher noch nicht. Das heißt, jetzt wo Sie's erwähnen, da fällt mir eine Geschichte ein, die hier im Hause kursiert. Im Jahre siebenundsechzig war angeblich auch schon mal einer da, der Arbeit vermittelt haben wollte. In Stuttgart soll das gewesen sein. Ich hab das immer für ne Schauergeschichte gehalten, aber wenn Sie jetzt auch... Vielleicht ist da doch was Wahres dran.

Sinniert ein Weilchen darüber nach.

Wahnsinn. – Also, wie kann ich Ihnen helfen?

ARBEITSLOSER

Ich suche Arbeit.

BEAMTER

Muss wieder lachen.

Entschuldigung. Es klingt einfach zu verrückt.

ARBEITSLOSER

Also langsam...

BEAMTER

Schon gut. Ich werd mich schon dran gewöhnen. Also, wie geht's weiter?

ARBEITSLOSER

Können Sie mir ein paar Jobangebote machen?

BEAMTER

Ich? Woher soll ich die denn nehmen?

ARBEITSLOSER

Das steht doch alles in Ihrem Computer.

BEAMTER

Tatsache? Ich hab mich schon gewundert, was der hier... Und wie, ich meine woher...?

ARBEITSLOSER

Alle offenen Stellen werden dem Arbeitsamt gemeldet.

BEAMTER

Ach. Genial. Wahnsinn! Tolle Idee! Auf diese Weise müsste ein Arbeitsuchender ja nur zu uns kommen und schon...

ARBEITSLOSER

Ja. Also, was hätten Sie für mich?

BEAMTER

Was haben Sie denn für eine Ausbildung?

ARBEITSLOSER

Abitur, abgeschlossenes Betriebswirtschaftsstudium, einige Computerkurse und neunzehn Jahre Berufserfahrung.

BEAMTER

Tippt es ein. **Ja, wollen mal sehen. Ich drücke hier mal auf „freie Jobs" und... Oh, das sieht schlecht aus. In Ihrem Bereich gibt es da gar nichts. Wir haben hier nur... aber das werden Sie nicht wollen.**

ARBEITSLOSER

Doch. Ich mach' alles.

BEAMTER

Naja, also ich weiß nicht. Das wäre eine Putzstelle.

ARBEITSLOSER

Nehm ich.

BEAMTER

Aber nur drei Euro pro Stunde.

ARBEITSLOSER

Macht nichts.

BEAMTER

Nachtschicht.

ARBEITSLOSER

Kein Problem.

BEAMTER

Und zweihundertfünfzig Kilometer von hier.

ARBEITSLOSER

Okay.

BEAMTER

Ist in nem Atomkraftwerk.

ARBEITSLOSER

Super!

BEAMTER

Eigentlich wird ne Frau gesucht.

ARBEITSLOSER

Ich lass mich operieren. Geben Sie mir drei Tage Zeit.

BEAMTER

Und Schwerbehinderte werden bevorzugt.

ARBEITSLOSER

Dann geben Sie mir lieber vier Tage Zeit. –
Sonst noch Bedingungen? Ich mach alles.

BEAMTER

Bricht verzweifelt zusammen. Also gut! Ich geb's zu: Wir haben keine Jobs. Nie gehabt. Seit Jahren schon. In den fünfziger Jahren soll es noch ein paar gegeben haben. Aber das ist längst Geschichte. Das Ganze war von Anfang an eine verrückte Idee: „Arbeitsamt". Es hätte

allen klar sein müssen, dass die Begriffe „Arbeit" und „Amt" einfach unvereinbar sind. Die einzigen Arbeitsplätze, die wir besetzen sind unsere eigenen. Es gibt einfach keine freien Stellen. Das weiß doch jeder. Können Sie sich eigentlich vorstellen, was das bedeutet: Jeden Tag hierher kommen zu müssen, völlig sinnlos. Wir müssen so tun, als hätten wir Jobs zu vergeben, die Arbeitslosen müssen so tun, als suchten sie Arbeit. Es ist die Hölle, die Hölle, die Hölle!

Lange Pause.

ARBEITSLOSER

Sie haben also nichts für mich.

BEAMTER

Hat sich wieder gefangen.

Zur Zeit leider nicht. Fragen Sie nächste Woche mal wieder nach. Vielleicht ergibt sich bis dahin wieder was.

ARBEITSLOSER

Tja, wenn Sie meinen.

BEAMTER

Bestimmt. Bis zum nächsten Mal. Wiedersehen.

ARBEITSLOSER

Verlässt das Büro.

BEAMTER

Der nächste bitte.

Im Baumarkt

Eine Frau irrt durch die Baumarktregalreihen auf der Suche nach einem Verkäufer. Schließlich findet sie einen.

KUNDIN

Entschuldigung, können Sie mir helfen? Mein Mann wünscht sich zum Geburtstag eine Kreissäge. Können Sie mir da was empfehlen?

VERKÄUFER 1

Gerne.

Er führt sie zu einer Ecke, wo eine Kreissäge steht.

Hier bitte. Das ist unser Top-Modell. Die benutze ich selbst auch.

KUNDIN

Und ist die gut?

VERKÄUFER 1

Was meinen Sie mit „gut"? Schnell? Scharf?

KUNDIN

„Sicher". Ich meine „sicher"

VERKÄUFER 1

Da kann ich Sie völlig beruhigen. Die ist sogar sehr schnell äh scharf.

KUNDIN

Sie meinen „sicher".

VERKÄUFER 1

Was? – Genau. „Sicher". Sehr sehr sicher. ***Er klopft anerkennend gegen das Sägeblatt. Statt einer Hand hat er einen Metallhaken.***

KUNDIN

Da kann also nichts passieren.

VERKÄUFER 1

Nein. Wirklich nicht. Was soll denn auch passieren?
Er verschränkt lachend die Arme. Auch statt der anderen Hand hat er einen Haken.

Ein anderer Kunde geht dicht an ihnen vorbei und rutscht aus, kann sich aber gerade noch aufrecht halten. Die Kundin sieht nach unten. Sie und der Verkäufer stehen in einer großen roten Pfütze.

KUNDIN

Was ist das denn?

VERKÄUFER 1

Unschuldig: Was denn?

KUNDIN

Na das. Ist das Blut?

VERKÄUFER 1

Äääääääääh – Nein! Das ist - - - kein Blut. Das ist äh - - - Farbe. Sekunde, ich lasse das entfernen.
Ruft: **Werner, hier ist schon wieder diese r o t e F a r b e ausgelaufen. Wischt Du das schnell mal weg?**

VERKÄUFER 2

Irgendwo zwischen den Regalreihen:

Nee, das geht nicht.

VERKÄUFER 1

Was?! Wieso geht das nicht?

VERKÄUFER 2

Tritt hinzu. Er hat keine Arme mehr.

Weißt Du doch.

VERKÄUFER 1

***Bedrückt:* Ach ja.**

Beim Anwalt

Eine elegante Frau betritt das Büro einer gediegenen Anwaltskanzlei.

ANWALT

Guten Tag. Nehmen Sie bitte Platz.

FRAU

Danke, dass Sie so schnell Zeit für mich haben.

ANWALT

Kein Problem. Die Kanzlei Albrecht & Hoffmann steht Ihnen uneingeschränkt zur Verfügung.

FRAU

Danke! Da bin ich sehr erleichtert.
Ich hab so viel Gutes über Ihre Kanzlei gehört.

ANWALT

***Irritiert.* Aha?**

FRAU

Ja, es heißt, bei Schadensersatzsachen gibt es keine Besseren.

ANWALT

Aha. Nun gut. Dann erzählen Sie mir doch bitte jetzt der Reihe nach, was genau passiert ist.

FRAU

Ja, also, ich bin am Dienstagmorgen wie immer zur Arbeit gefahren…

ANWALT

Konzentriert:

Ja?

FRAU

...und als ich gerade in die Friedrichstrasse einbiegen will, da rast plötzlich so ein gelber Sportwagen...

ANWALT

***Brüllt:* Gelb!**

Er ergreift eine Dose mit Sprühsahne und sprüht der Mandantin eine große Menge Sahne ins Gesicht.

FRAU

Aah, sind Sie wahnsinnig?!

ANWALT

Oh, das tut mir leid. Tut mir wahnsinnig leid.

Er nimmt ein Handtuch aus der Schreibtischschublade und tupft sie vorsichtig ab.

Das ist eine psychische Störung. Wenn jemand den Namen einer Farbe sagt – dann kann ich nicht anders, dann passiert – DAS.

FRAU

Mein Gott!

ANWALT

Ja. Aber ich bin in Therapie deswegen. Ich hab schon große Fortschritte gemacht.

FRAU

Ich hab mich so erschreckt.

ANWALT

Ja. Natürlich. Ich kann immer wieder nur sagen, wie leid mir das tut. Ja, ich nehme an, Sie werden sich jetzt unverzüglich einen anderen Anwalt suchen. Einen, der keine psychischen Probleme hat.

FRAU

Äh, na ja, war ja jetzt auch nicht SO schlimm.

ANWALT

Sie bleiben? Oh, danke, danke. Wirklich vielen Dank!

FRAU

Schon gut.

ANWALT

Ja. Gut, dann fahren Sie bitte fort.

FRAU

Sammelt sich.

Ja, gut, also da kommt dieser – Sportwagen und fährt mir in die Seite, und das, obwohl ich Vorfahrt hatte.

ANWALT

War da ein Vorfahrtsschild?

FRAU

Nein, aber der andere Wagen hatte rot.

ANWALT

Brüllt:* Rot! *Er besprüht sie mit Sahne.

FRAU

Aaah, verdammt!

ANWALT

Oh nein! Entschuldigung, *Tupft sie ab.* Ich weiß wirklich nicht was ich sagen soll. Es tut mir so wahnsinnig leid. Gehen Sie einfach. Hier, Ich schreib Ihnen die Telefonnummer von einem Kollegen auf. Einem, der einfach nur seinen Job macht, ohne seine Umwelt mit seinen persönlichen Problemen zu belasten.

FRAU

Nein, nein, ist schon gut. War ja meine Schuld

ANWALT

Ihre Schuld, wieso?

FRAU

Ich habe „rot“ gesagt.

ANWALT

Brüllt:* Rot! *Er besprüht sie mit Sahne.

Oh, Verzeihung. *Tupft sie ab.* Und danke, dass Sie bleiben. Sie sind eine solche Ausnahme. Die meisten Menschen heutzutage haben für so etwas doch überhaupt kein Verständnis. Wer nicht richtig funktioniert, wird einfach auf den Müll geworfen. So sieht's heute aus, wissen Sie?

FRAU

Ja, ich weiß.

ANWALT

Brüllt*: Weiß! *Er besprüht sie mit Sahne.

FRAU

Oh, nein!

ANWALT

Was kann ich noch sagen? …Ich schäme mich.

FRAU

Ja, schon gut, egal, also, der andere Wagen rammt mich, obwohl seine Ampel ro…

ANWALT

Greift zur Sahne.

FRAU

... äh ganz oben geleuchtet hat.

Beide atmen auf.

ANWALT

Na, das scheint mir doch eine sehr eindeutige Sachlage zu sein. Und wie hoch ist der Schaden an Ihrem Fahrzeug?

FRAU

Naja, der Wagen war fast neu, und…

ANWALT

Brüllt: **Neu!** ***Er besprüht sie mit Sahne.***

FRAU

He, was soll das?! „Neu“ ist doch keine Farbe!

ANWALT

Düster: **Ja. – Es wird schlimmer.**

Zweitjobs für Frauen

Eine Polizistin ist auf Streife unterwegs.

WEIBLICHE ERZÄHLSTIMME

Man sollte es nicht für möglich halten, aber auch heute noch bekommen viele Frauen für dieselbe Arbeit weniger Gehalt, als ihre männlichen Kollegen und sind gezwungen, einen zusätzlichen Zweitjob anzunehmen, um auch nur einigermaßen über die Runden zu kommen.

Als die Polizistin gerade an einer Bank vorbeigeht, geht die Alarmanlage los und ein bewaffneter Bankräuber mit Pistole stürzt heraus. Beide sehen sich einen Moment an, dann ergreift er die Flucht. Sie nimmt die Verfolgung auf.

POLIZISTIN

Im Laufen: Stehenbleiben! Polizei!

Während der spektakulären Verfolgungsjagd wechselt sie immer wieder zwischen freundlichem Vertreterton und autoritärer Polizeistimme:

Haben Sie eigentlich schon mal über eine Unfallversicherung nachgedacht? Es ist ja so schnell was passiert, dann sitzt man im Rollstuhl und kann nicht mehr arbeiten. – Waffe fallen lassen!

Sie gehen beide in Deckung und beschießen sich, wobei sie am Arm verletzt wird.

Und dann steht man da und hat keinerlei Anspruch auf irgendwelche Unterstützung. Gerade in Ihrem Fall scheint mir das doch sehr sinnvoll. – Sie müssen sich ja nicht sofort entscheiden. Übrigens könnte ich Ihnen auch eine sehr

günstige Rechtsschutzversicherung anbieten. Mit freier Rechtsanwaltswahl.

Sie hat sich an ihn herangeschlichen, springt ihn an, versetzt ihm einen Fausthieb ins Gesicht und legt ihm Handschellen an.

Na, ist das was? Los. Hände auf den Rücken! Wird's bald?! Wissen Sie was? Ich schicke Ihnen die Unterlagen einfach mal ganz unverbindlich zu, okay?

BANKRÄUBER

***Schmerzverzerrt*: Also gut, wenn's unverbindlich ist.**

Zwei Polizistinnen kommen als Verstärkung hinzu und nehmen ihn mit.

POLIZISTIN 2

***Zur ersten Polizistin:* Alles okay?**

POLIZISTIN

Das Schwein hat auf mich geschossen. Aber es geht schon.

***Zum Bankräuber:* Ich schick Ihnen dann alles zu, ja? Ihre aktuelle Adresse hab ich ja.**

POLIZISTIN 3

Zum Bankräuber, während sie ihn abführt:

Haben Sie eigentlich für die Zeit wo Sie im Gefängnis sind, schon eine Babysitterin für Ihre Kinder?

Korruption

Ein Büro im Bauamt.

BEAMTIN

Streng:

Tja, tut mir leid: Ihren Antrag mussten wir leider ablehnen. Sie dürfen da nicht bauen.

MANN

Oh je. Und Sie sehen da überhaupt keine Möglichkeit, ... eine Ausnahme zu machen?

BEAMTIN

Leider nicht.

MANN

Aber es gibt doch immer irgendeine Ausnahmeregelung, oder?

Zwinkert ihr zu.

.

BEAMTIN

Ja, die gibt es.

MANN

Erleichtert:

Ah gut.

BEAMTIN

Aber die kommt bei Ihrem Antrag nicht zur Anwendung.

MANN

Es würde Ihr Schade nicht sein.

Er zwinkert ihr wieder zu.

BEAMTIN

Wie meinen Sie das?

MANN

Naja, bei Ihrem schmalen Beamtengehalt kämen Ihnen zehntausend Euro zusätzlich doch gerade recht, oder?

BEAMTIN

Träumerisch: **Wem sagen Sie das?**

Wieder sachlich: **Aber das gehört nicht hierher. Also, es tut mir leid, dass wir Ihren Antrag ablehnen müssen, aber...**

Der Mann schüttelt verärgert den Kopf, sie sieht ihn an und stockt verunsichert.

MANN

Nein, nein, nein. Tut mir leid. So nicht, Frau Dirksen. Prüfung nicht bestanden. Das hätten Sie jetzt wirklich merken müssen.

BEAMTIN

Erschrocken:

Oh. War das etwa...?

MANN

Natürlich! Das war ein ganz klarer BV.

BEAMTIN

Versucht, sich hektisch zu erinnern, was „BV" bedeutet.

BV, BV...

MANN

Bestechungs-Versuch! Ein ganz klarer Bestechungsversuch! Aber wie aus dem Lehrbuch.

BEAMTIN

Oh.

MANN

Ja: „Oh." Und wie hätten Sie da reagieren müssen?

BEAMTIN

***Kleinlaut:* Annehmen?**

MANN

Na sicher. Was denn sonst?!

BEAMTIN

Tut mir leid.

MANN

Ja, „tut mir leid, tut mir leid"! Mit tut's auch leid, aber: Prüfung nicht bestanden.

BEAMTIN

***Verzweifelt:* Oh, nein!**

MANN

Durch solche Gedankenlosigkeiten entstehen der deutschen Beamtenschaft Jahr für Jahr Millionenschäden. Haben Sie auch nur die geringste Vorstellung, wie viele Bestechungsversuche gar nicht erst unternommen werden, weil es immer noch Beamte gibt, die sich da quer stellen?

BEAMTIN

Ich wollte doch nur...

MANN

Sie fallen Ihren Kollegen in den Rücken.

BEAMTIN

Ist kurz vorm Heulen.

MANN

Und haben Sie auch nur mal eine Sekunde darüber nachgedacht, wovon sich ein normaler Beamter einen Porsche leisten soll – oder ne Karibikkreuzfahrt? Von seinem Gehalt, oder wie?

BEAMTIN

Ich, ich hab' mal gehört, dass das gegen die Vorschriften...

MANN

Stöhnt auf.

Ach, die Vorschriften! Es gibt auch noch was anderes als Vorschriften. Man muss auf die besonderen Bedürfnisse der Bürger eingehen.

BEAMTIN

Ja, ich weiß, Sie haben recht.

MANN

Ihre Einsicht kommt leider ein bisschen spät. Ihre Beförderung können Sie vergessen.

BEAMTIN

Oh.

MANN

Tja.

BEAMTIN

Kann man da gar nichts machen?

MANN

Wüsste nicht, was.

BEAMTIN

Ich wäre auch sehr nett zu Ihnen.

MANN

Ach, nett sind Sie ja. Das ist ja nicht das Problem.

BEAMTIN

Sehr nett. ***Zwinkert ihm mehrmals zu.***

MANN

Ist was mit Ihrem Auge?

BEAMTIN

Ich wäre ganz besonders nett zu Ihnen. Wenn Sie verstehen, was ich meine...

Beginnt, ihre Bluse aufzuknöpfen.

MANN

Ach sooo. Natürlich.

Beide lachen.

MANN

Kommen Sie nach Dienstschluss in mein Büro.

***Zu sich selbst:* Dachte schon, sie lernt‘s nie.**

Die anonymen Arbeitnehmer

Ein Seminarraum in einer Volkshochschule.
Die Teilnehmer und die Leiterin der Selbsthilfegruppe sitzen im Kreis.

SEMINARLEITERIN

Ja, schön, dass Ihr alle da seid. Ganz besonders freue ich mich, heute einen neuen Teilnehmer in unserer Selbsthilfegruppe begrüßen zu können. Hallo Klaus. *Sieht ihn aufmunternd an.*

KLAUS

Schüchtern: **Ja, also, - ich bin der Klaus, und ich bin Arbeitnehmer. So jetzt isses raus.**

ALLE SEMINARTEILNEHMER

Hallo Klaus.

KLAUS

Leise: **Hallo.**

SEMINARLEITERIN

Magst Du uns erzählen, wie es bei Dir angefangen hat, Klaus?

KLAUS

Tja, – wie es halt so ist… Man ist jung…Man will dazu gehören – cool sein. Und die anderen machen das ja auch alle. Was soll schon groß dabei sein? Und zu Anfang war ja auch alles ganz harmlos. Da hab ich nur in den Schulferien gelegentlich ein bisschen gejobbt.

SEMINARTEILNEHMER 1

Mitfühlend: **Du hast schon als Schüler damit angefangen?**

KLAUS

Ja, wie gesagt, nicht regelmäßig. Nur ein bisschen. Reklamezettel verteilen. Ganz harmlos. Dachte ich. Ich hatte nicht mal richtig Spaß daran. Mehr aus Langeweile, und um vor meiner Freundin anzugeben.

SEMINARLEITERIN

Nickt verständnisvoll. **Und dann?**

KLAUS

Naja, wie's dann so ist. Man gewöhnt sich dran. Man verdrängt, wieviel Freizeit man mit der Arbeit verschwendet, und schließlich redet man sich ein, dass man das braucht. Also das Gehalt und so.

SEMINARLEITERIN

Das kennen hier glaube ich fast alle, Klaus.

Einige nicken.

KLAUS

Es ist ja nicht so, dass ich nicht versucht hätte, von der Arbeit loszukommen. Vor etwa drei Jahren bin ich zu meinem Chef gegangen und hab fristlos gekündigt.

SEMINARLEITERIN

Na, das ist doch großartig, Klaus.

KLAUS

Ja, und zuerst hab ich mich auch super gefühlt. Eine ganze Weile sogar. Aber zwei Monate später, komm ich zufällig bei meiner Bank vorbei und ich weiß noch ganz genau, wie ich dachte, hey, was soll schon sein, warum hol ich mir nicht mal schnell nen kleinen Kontoauszug? Nur so. Aus Jux. Ja, was soll ich sagen? Ich habs gemacht und da stelle ich fest, dass ich total pleite bin. Nix mehr

aufem Konto! Am nächsten Morgen hab ich mir nen neuen Job gesucht. Und – die letzten drei Jahre hab ich jetzt fast jeden Tag – gearbeitet.

Alle sehen betreten zu Boden.

KLAUS

Und manchmal – mache ich sogar – – – Überstunden!

Er bricht schluchzend zusammen.

SEMINARLEITERIN

Legt ihm tröstend den Arm um die Schulter.

Ist ja gut Klaus, das musste mal raus.

Es klopft. Ein Staatssekretär im Anzug tritt ein.

STAATSSEKRETÄR

Herr Minister, wir müssten jetzt wirklich los, wenn wir es noch schaffen wollen zur Nato-Tagung.

KLAUS

Wischt sich die Tränen ab und reißt sich zusammen. **Ich komme.**

Er drückt der Seminarleiterin die Hand.

Und Danke für alles. Mir geht's schon viel besser.

STAATSSEKRETÄR

Der Hubschrauber wartet, Herr Minister.

KLAUS

Ja, dann nichts wie los. *Beide ab.*

SEMINARLEITERIN

Sieht ihm mitfühlend hinterher. **Armer Teufel.**

Die Schlumpfpolizei

Eine Kleinstadt in der Totale. während des folgenden Textes fährt die Kamera immer näher auf eine Hausecke zu.

STIMME DES MÄRCHENONKELS

Eine sympathische Kleinstadt irgendwo in Deutschland. Es ist noch früh am Morgen. Viele Menschen liegen noch gemütlich in den Federn und schlummern selig vor sich hin. Denn sie wissen: Es kann ihnen nichts geschehen. Kein Unhold wird es wagen, sich an ihnen oder ihrem Hab und Gut zu vergreifen. Ihr Schlaf wird bewacht. Von der Polizei. – Ja, die Polizei. Dein Freund und Helfer. Eine Polizei, die ihr Bestes gibt. Mit Polizisten, wie Du und ich. Die auch nur ihre Pflicht tun. Daran solltest Du denken, wenn Du einmal verwarnt wirst oder gar einen Strafzettel bekommst. Keinesfalls solltest Du sie dann beschimpfen, als Arschlöcher, Wichtigtuer oder Bullen. Und was immer Du auch tust, beschimpfe nie einen Polizisten als Schlumpf. Denn damit beleidigst Du ... die Schlumpfpolizei.

Dramatischer Musikakkord und Titeleinblendung „Die Schlumpfpolizei“

Um die Hausecke kommt ein Polizist, der wie ein Schlumpf aussieht. Weiße Schuhe, Hose und Zipfelmütze, blau an Oberkörper und Gesicht. An einem weißen Gürtel hängt eine weiße Pistole von putzig-schlumpfigen Aussehen. An seiner Schlumpfmütze ein Polizeistern. Er verhält sich wie ein normaler seriöser Polizist: Er grüßt freundlich aber gewichtig und wachsam in alle Richtungen, tippt sich mit seinem schlumpfigen Gummiknüppel lässig an die Mütze bis er vor der Kamera steht.

1. SCHLUMPF-POLIZIST

Spricht in die Kamera: **Ja, die Schlupo ist überall im Einsatz: Im Streifendienst...**

Man sieht, wie ein Schlumpf eine Oma über die Kreuzung führt.

1. SCHLUMPF-POLIZIST

...in der Verkehrsüberwachung...

Man sieht einen Schlumpf, der gerade einen betrunkenen Schlumpf in einem Auto gestoppt hat.

VERKEHRSPOLIZISTEN-SCHLUMPF

Zum Schlumpf im Auto:

Ach, hör'n Sie doch auf, ich seh doch, dass Sie blau sind!

1. SCHLUMPF-POLIZIST

...als verdeckte Ermittler...

Man sieht einen Schlumpf mit Sonnenbrille, der in einem Café sitzt und über seine Zeitung zum Nachbartisch linst, an dem einige mafiöse Schlümpfe mit Sonnenbrillen hocken.

1. SCHLUMPF-POLIZIST

...oder sogar als taktische Eliteeinheit im Kriseneinsatz.

Belagerungszustand vor einer Bank: Mehrere blauweiße Polizeiwagen, Schlümpfe mit gezogenen Waffen und Funkgeräten.
Auf dem Dach ein Scharfschütze mit schlumpfigem Gewehr.

SCHARFSCHÜTZENSCHLUMPF

Spricht in sein Funkgerät:

Scharfschützenschlumpf an Oberschlumpf: Habe freies Schussfeld auf Eingangsbereich.

OBERSCHLUMPF

Unten, mit roter Hose und Mütze und weißem Vollbart.

Oberschlumpf an Scharfschützenschlumpf: Verstanden. Over.

SCHLUMPF-POLIZIST

Spricht in die Kamera:

Ja, auf die Schlupo ist Verlass. Jeden Tag.

Kitschiger Schlussakkord.

Gegenüberstellung

Ein Raum in einem Polizeirevier. Zwei Kriminalbeamten und eine Zeugin sehen durch eine große Scheibe in einen Nebenraum.

KRIMINALBEAMTER 1

So, Frau Schuppert, sehen Sie sich diese Burschen mal genau an. Erkennen Sie den Amokläufer wieder?

FRAU SCHUPPERT

Tritt etwas von der Scheibe zurück.

Ich hab Angst. Wenn er jetzt auch auf mich losgeht?

KRIMINALBEAMTER 2

Keine Angst, Frau Schuppert. Die Scheibe ist auf der anderen Seite verspiegelt. Die können Sie nicht sehen.

Durch die Scheibe sieht man mehrere Verdächtige. Bis auf einen sehen alle harmlos aus. Dieser Eine ist dick, hat einen Schnurrbart, trägt ein blutbesudeltes weißes Hemd, hat ein blutiges Messer in der Hand und sieht hasserfüllt und schwer atmend in Richtung Trennscheibe.

FRAU SCHUPPERT

Na gut, also mal sehen. Also, das war so ein Dicker.

KRIMINALBEAMTER 1

Moment, hatten Sie nicht vorhin ausgesagt...

Er blättert in seinem Notizblock.

...der Mann hatte einen dunklen Schnurrbart.

FRAU SCHUPPERT

Unsicher:

Ja, das kann auch sein.

KRIMINALBEAMTER 1

Ungeduldig:

Was denn nun?

FRAU SCHUPPERT

Oh Gott, ich kann mich nicht erinnern.

KRIMINALBEAMTER 2

Stöhnt genervt.

So kommen wir nicht weiter.

Im Nebenraum hinter der Scheibe hustet ein Verdächtiger und stößt dabei leicht gegen den Amokläufer. Der rastet aus und geht mit dem Messer auf den Mann los. Dieser flüchtet. Der Amokläufer will alle Verdächtigen umbringen und jagt sie kreuz und quer durch den Raum. Gleichzeitig:

FRAU SCHUPPERT

Ich weiß nur noch, wie der da plötzlich völlig grundlos mit diesem Riesenmesser auf die Leute los ist.

KRIMINALBEAMTER 1

Sarkastisch bitter:

Erst ist er dick, dann hat er nen Schnurrbart und jetzt hat er auf einmal ein Riesenmesser…na toll. Naja, trotzdem danke, dass Sie hier waren.

Der Amokläufer hat inzwischen alle Verdächtigen umgebracht und trommelt außer sich vor Wut auf die Scheibe ein.

KRIMINALBEAMTER 1

Wütend:

Zeugen!

KRIMINALBEAMTER 2

Stöhnt angeekelt.

Das Wunderkind

FERNSEH-REPORTER

Spricht in die Kamera:

In unserer Reihe „Wunderkinder“ wollen wir Ihnen heute den Kevin vorstellen. Kevin ist zehn Jahre alt und seine musikalischen Fähigkeiten können, wie uns sein Vater versichert, als außergewöhnlich, ja geradezu genial bezeichnet werden. Hallo, Kevin.

Die Kamera fährt zurück. Kevin ist nicht zu sehen. Der Vater deutet auf Kevin, der im Hintergrund gerade dabei ist, von einem Stuhl ein Bein abzusägen.

FERNSEH-REPORTER

Ah, Kevin ist gerade am Spielen. Schön, wenn auch ein Wunderkind zumindest manchmal noch ein ganz normales Kind sein darf. – Herr Weber, welches Instrument spielt Kevin denn?

VATER

Klavier.

FERNSEH-REPORTER

Und wieviel Stunden am Tag muss er da üben?

VATER

So gut, wie gar nicht. Da ist es ja. Ein paar Minuten pro Woche, dann hat sich das auch schon für ihn.

FERNSEH-REPORTER

***Erstaunt:* Aha!**

VATER

Tja! Mit ständigem Üben kann ja jeder Depp irgendwas zurecht klimpern. Aber OHNE üben: Da zeigt sich das wahre Genie.

FERNSEH-REPORTER

Verstehe.

Kevin schlägt jetzt mit einem Stuhlbein auf das Klavier ein.

FERNSEH-REPORTER

Und irgendwie scheint er ja auch eine innige Beziehung zu dem Instrument zu pflegen.

VATER

Ja, und wie! Und lauschen Sie mal dem Rhythmus. Sie lauschen. Na, sowas hört man nicht alle Tage, was?

FERNSEH-REPORTER

Sicher. Obwohl ich denke, dass da auch ein bisschen eine gewisse unterschwellige Aggression bei ihm mitschwingt.

VATER

So ist das ja oft bei den Genies: Hassliebe zum Instrument. Und sehen Sie dieses ungezügelte Temperament?

FERNSEH-REPORTER

***Unbehaglich:* Jaja.**

VATER

Wie der junge Mozart, gell?

Kevin tritt ihn vor das Schienenbein.

VATER

Au! So, Kevin, jetzt spiel' dem Onkel mal was vor. Wie wär's mit dem zweiten Klavierkonzert von Rachmaninow?

Kevin tritt ihn erneut.

VATER

Au! Na dann Tschaikowsky.

Kevin sitzt wieder in der Ecke und zerreißt Notenbücher.

VATER

Kevin! Lass das, aber sofort! Kannst Du nicht hören?!

Kevin lässt sich nicht stören.

VATER

Zum Reporter:

Er kann einfach nicht hören. – Wie der Beethoven.

FERNSEH-REPORTER

Beethoven?

VATER

Ja sicher. Der konnte auch nicht hören.

FERNSEH-REPORTER

Ernüchtert: **Verstehe.**

VATER

So, jetzt reicht‘s! ***Er setzt Kevin gewaltsam ans Klavier.***

Kevin schlägt wild um sich, bis ihm der Vater eine knallt.

VATER

Spiel!!

Kevin hämmert trotzig wild auf die Tasten ein. Es ist keine Melodie erkennbar, es klingt fürchterlich.

FERNSEH-REPORTER

Resigniert: **Und was sagt sein Klavierlehrer dazu?**

VATER

Klavierlehrer? Braucht der nicht. Glauben Sie, der könnte Kevin noch was beibringen?

FERNSEH-REPORTER

Bestimmt nicht.

Kevin „spielt„ weiter. Der Vater dirigiert selig mit.

Dieses Buch wurde in Übereinstimmung mit den GPSR-Richtlinien der EU zur Sicherheit von Produkten erstellt.

Die Verordnung über die allgemeine Produktsicherheit ist der aktualisierte Rahmen der Europäischen Union, um sicherzustellen, dass alle Verbraucherprodukte, einschließlich Bücher, für Verbraucher sicher sind.

Dieses Buch wurde von Libri Plureos GmbH gedruckt. Der Drucker hat Sicherheitszertifikate für die verwendeten Materialien wie Tinte, Papier und Kleber ausgestellt.

Die Produktkennung ist: 9789463862684

Der Autor ist für den Inhalt des Buches verantwortlich, ist Herausgeber der Werke und trägt die volle Verantwortung dafür.

Das Buch wurde über Bookmundo produziert. Bookmundo ermöglicht es jedem Autor, seine Geschichten über gedruckte Bücher und E-Books und ein breites Vertriebsnetz mit dem Rest der Welt zu teilen.

Bookmundo fungiert als Vermittler bei Sicherheitsfragen und richtet diese an den Drucker/Autor. Sollten Sie Fragen zur Sicherheit des Produkts haben, kontaktieren Sie uns bitte.

Bookmundo
Delftsestraat 33
3013AE Rotterdam
Die Niederlande
info@bookmundo.com